시에세이

책갈피에서 들리는소리

주정숙녀 에세이

시에세이 030

주숙녀 에세이
책갈피에서 들리는 소리

초판 1쇄 인쇄 | 2025년 1월 25일
초판 1쇄 발행 | 2025년 2월 1일

지은이 주숙녀
펴낸이 문정영
펴낸곳 시산맥사
편집주간 김필영
편집위원 최연수 박민서
등록번호 제300-2013-12호
등록일자 2009년 4월 15일
주소 03131 서울특별시 종로구 율곡로 6길 36. 월드오피스텔 1102호
전화 02-764-8722, 010-8894-8722
전자우편 poemmtss@hanmail.net
시산맥카페 http://cafe.daum.net/poemmtss

ISBN 979-11-6243-548-9 (03810) 종이책
ISBN 979-11-6243-549-6 (05810) 전자책

값 13,000원

* 이 책은 전부 또는 일부 내용을 재사용하려면 반드시 저작권자와 시산맥사의 동의를 받아야 합니다.
* 이 책은 교보문고와 연계하여 전자북으로 발간되었습니다.
* 본문 페이지에서 한 연이 첫 번째 행에서 시작될 때에는 〈 표기를 합니다.
* 저자의 의도에 따라 작품의 보조 동사와 합성 명사는 띄어쓰기가 달라질 수 있습니다.

책갈피에서
들리는 소리

―

주(정)숙녀 에세이

 작가의 말

    나는 늘 나를 미워한다. 그러다가 때로는 아무도 몰래 가만히 나를 쓰다듬어준다.
    그래도 뭔가를 쓰고 있는 나를 만날 때는 미워했던 일을 후회한다.
    그렇게 매번 스스로에게 시달리며 사는 나를 위로하면서 많은 세월을 살았다. 이 책에 쓰인 나의 글들은 모두 나이 차이가 심하다. 변명은 하지 않는 게 나을 것 같다.
    나는 학생 시절 책 한 권을 읽고 나면 그 책을 베게 삼아 누워서 "이 책에 있는 모든 것 내 머리에서 살아라," 라고 주문을 외우듯 하곤 했다.
    책갈피에는 많은 소리가 숨어 있다. 책을 읽다 꿈을 꾸면 책 속 스토리가 날것으로 안겨 왔다. 둥그런 사랑 같은 것, 또는 차디찬 고드름 송곳 같은 것도 있었다.
    나는 지금 좀 춥다. 따뜻한 글을 쓰면서 체온을 올리고 싶다. 예쁘지 않은 곳, 보이지 않는 곳에 숨어 있는 사연들을 찾아서 열린 결말로 맺을 수 있는 글을 쓴다면 여한이 없겠다.
    글 쓰는 여자로 살다 읽던 책으로 얼굴을 가만히 덮고 잠자듯이 하나님을 만나러 가고 싶다. 고운 빛으로 오래 기억될 향을 풍기며 파란 하늘로 훨훨 날아오른다면 얼마나 좋을까. 생각할수록 과분한 나의 일상에 끝없이 감사하는 나날이다. 주검이 눈앞에 서도 나는 무언가를 쓸 연구를 할 것이다.

2025년 2월
주숙녀

◐ 목차

1부

박수는 빈손이어야 칠 수 있다	13
35분의 기적	17
마음의 곡선	23
살아있다는 감격	27
기막힌 밥상	30
타샤의 집	34
해남 가시나	38
모시송편	42
나의 간증 한 토막	45
진주여 안녕	49

2부

그것은 옥구슬이었다	57
갈팡질팡하던 순간	61
꿈에만 가는 미팅	65
때로 역행은 아름답다	69
문명의 통증	72
예쁜 감격	75
어떤 죽음	78
고국 나들이	82
붕어빵	87
기억을 나누어 가진 사람	91

3부

새로운 하늘	101
설상가상	104
십 년	109
사람 이야기	113
권사합창단	117
수억의 안타까움	120
나와의 대화	123
게들이 들려준 사연	127
아는 바보	131
우물 밑바닥 긁는 소리	135

4부

끝없는 부활　　　　　　　　　141
문집이 완성되던 날　　　　　145
새벽길　　　　　　　　　　　148
아닌 것 같은 진실　　　　　　152
아름다운 추락　　　　　　　　156
백설이 발하는 온기　　　　　160
비 나리는 날　　　　　　　　　163
아직도 살 만한 세상　　　　　167
저녁이 내릴 무렵　　　　　　171
카톡에만 적혀진 이름　　　　175

5부

5월이고 싶다	183
수다 예찬	188
버리고 비워라	193
내일을 준비하는 하늘	197
파킷 속에 숨은 팁	200
마지막 페이지 끝줄에 찍는 점	204
내 마누라의 첫 남편은 책	208
향을 잃어버린 향수	219
해남의 거목 가시다	222
미주 경사대 잔치를 마치고	226

1부

박수는 빈손이어야 칠 수 있다

구슬이 엉켜 구르는 소리는 어떤 소리일까. 대밭을 스쳐 가는 바람 소리는 약간 수선스럽다. 풍경소리는 맑고 깨끗하나 혼자 울고 있으니 좀 외롭다. 졸졸거리는 시냇물 소리는 평화스럽고 동적이되 강약이 없다. 소리 중 가장 듣기 좋은 소리는 할머니의 옛날이야기 소리라는 말이 있으나 구수한 이야기 내용이지 소리 자체를 강조한 것은 아닐 것 같다. 가슴에 울림이 있는 소리, 어떤 감동으로 살아 숨 쉬는 소리를 나는 갈망한다. 흥분이 있고 무언가 용솟음치는 들뜸이 있는 소리를 원한다. 칭찬이 동반된 소리, 그 소리는 활력 탱탱한 "박수" 소리, 바로 그것이다.

박수는 빈손이어야 한다. 손 하나로는 칠 수가 없다. 두 손뼉이 모아져야 하기에 그 의미가 더욱 커진다. 세상적인 것을 초월하여 진솔함으로 오직 상대를 칭찬이나 격려하는 동작이다. 박수는 피가 도는 생명력을 감지하게 한다. 한 사람의 박수 소리는 너무 조촐하다. 여러 사람의 박수는 서로 다른 조각 음들이 모여 통일미를 이루며 때로는 우렁차서 가슴을 두근거리게도 하고 좌중을 흥분하게도 한다. 그러나 누구에게 박수를 보낸다는 것은 그리 쉬운 일이 아니다. 마음의 움직임이 있어야 하기 때문이다. 박수란 사람 냄새 풍기는 질투와 경쟁심에서 해방된 숭고한 진실이다. 칭찬이나 경의를 표할 때 보내지는 것이기에 미소가 따르며 관대하고 정직하다.

　나는 어떤 공연, 혹은 연설이나 인문학 강의가 끝난 후 드글드글 끓는 듯한 우렁찬 박수 소리를 듣기 좋아한다. 바둑알이 부딪치는 소리 같기도 하고 옥돌을 모아 은쟁반에 담고 흔드는 소리 같기도 한 박수 소리로 한없이 행복할 때가 있다. 그것은 인간만이 가지고 있는 감성의 상징이며 소통이 아닐까. 손바닥이 부르트도록 손뼉을 친다는 것은 상대에 대한 순수한 찬사와 감탄, 그리고 격려이다. 손뼉을 치는 순간은 인간의 숨은 진정성이 노출되고 있는 순간이기에 경건하다.

　나는 그 누구에게 보내지는 우렁찬 박수 소리이고 싶다. 상대의 어떤 빼어난 점을 찾아서 열정적으로 격려해주는 박수 말이다. 수다스러운 억지 아우성이어서는 안 된다. 뼛속 깊이 칭찬해주고 싶은 점을 캐내어 상대의 의욕을 상승시킬 수 있는 중심핵이 돋올한 박수이어야 한다. 음악회에 가서 좋은 연주에 취하게 되었을 때 나도 모르게 손뼉에 불이 붙는다. 나 자신이 그 연주자와 합일하여 즐겼음에 아낌없는 갈채를 보냈으니 나의 그 순간은 그만큼 윤이 났을 것이다.

가식 없는 찬사는 보내는 이나 받는 이가 동일점에 존재하는 기회이다. 어떤 일체감의 경지일 수 있다. 가슴을 열어 박수로 열광할 수 있다는 것은 서로에게 축복이다. 굴절 없이 투과시켜 극한에서 만나는 영광스러운 찰나이다. 단상에 선 자와 관객이 함께 울고 웃었다는 의미는 각기 지닌 은밀한 마음의 장에서 발견한 그 무엇이 통했다는 의미이다. 지난한 일상에서 해방되는 순간이며 결코 흔하지 않은 것을 만난 감격이 승화되는 원점이기도 할 것이다. 우리가 이런 기회를 만나서 가슴 후련한 시간을 가졌다면 우리가 살아가는 동안에 찾고자 하는 아름다운 조건 중의 어느 부분을 누렸다 할 만하다.

어떤 경우 갈채를 보낸다는 것은 어떤 미의 쟁점을 보는 혜안을 가졌기 때문이거나 상대의 어떤 우월성에 대한 순수한 칭찬이며 격려라는 점에서 대단한 미덕이다. 남에게 박수를 보내는 일은 상대의 내면을 통찰했다는 참한 정성이며 더하여 자신의 정신적 한 가닥 여유라 할 수도 있다. 관객에게 박수받을 수 있을 만한 사람들은 자신의 전부를 걸고 극한을 제시하며 피나는 노력을 했다는 증거이기도 하다. 그렇다면 그 고통이 발효하여 비범한 경지에 선 그들에게 어찌 박수를 소홀히 할 수 있겠는가. 나는 온몸을 관통하는 전율로 희열이 넘치는 손뼉을 치는 사람이고 싶다. 작은 일에도 박수해 주면서 넉넉한 후원자로 살고 싶다.

35분의 기적

　가을이 창 앞에 와 있었다. 오래 기억될 만한 좀 색다른 여행을 하고 싶었다. 보통 운전하고 다니는 여행이 아니고 기차 여행을 계획하던 중이라서 여러 제안을 모두 거절하고 벼르던 중이었다. 한국에서 문학평론가 교수님들을 초빙하여 동행하는 문학기행이라는 소식을 늦게야 들었다. 여행 3일을 앞두고 부랴부랴 뉴욕행 비행기 표를 사고 짐을 꾸렸다. 43명의 문학기행단이 뉴욕에서 매사추세츠를 향해 떠났다. 아직 이른 단풍이었지만 가을을 느낄 수 있었다. 글자 그대로 문학기행이었다. 유명한 미국 작가들의 흔적을 찾아 나선 것이다.
　Henly David Thoreau가 〈월든〉을 집필한 오두막을 들여다보면서 울렁거리는 가슴의 의미가 무엇인가를 정리하느라 한참을 서성거렸다. 내 머리에 있는 오두막은 짚으로 엮은 지붕이 늘어져 있고 흙 담벼락에 봉창이 있는 허리를 구부리고 들어가는 흙집이다. 그러나 미국식 오두막은 우리나라의 하꼬방 같았다. 너무 오래전에 한국을 떠났기에 지금도 그런 하꼬방이 있는지는 모르겠다. 마른오징어나 작은 병에 담긴 소주나 껌 따위를 파는 판자로 만든 바로 그런 집 말이다. 이것이 바로 1845년 Thoreau가 손수 지은 다섯 평짜리 오두막이다. 이 공간에서 2년 2개월을 살면서 그 기록을 남긴 작품이 바로 〈월든〉이란다. 환기통이라 할 만한 창으로 안을 들여다보니 꼭 한 사람이 기거할 만한 넓이였다. 이상한 애착이 가는 답답한 공간에 매료되어 한참을 서 있었다. Thoreau의 정갈한 서정성에 대한 경애심이었다. 무욕한 정신을 가진 자만이 할 수 있는 그의 순수성이 내 심금을 건드려 주었다. 이 월든의 숲속 오두막에서 인간과 자연과의 관계를 썼다니, 자연은 문학의 본향, 즉 그 글의 산실 앞이라는 감격 때문이었을 것이다. "자연의 삶을 사랑하라. 삶이 아무리 가난할지라도" 〈월든〉 중에 쓰인 말이다. 창세기의 호수처럼 조용하고 먼 바람 소리 오가는 Walden 호수 변을 거닐면서 Thorau는 때 묻은 인간사를 고민했겠지. 나는 오싹하기까지 한 찔림을 당하고 있었다. 철저하게 고독하고 외로웠을 작가의 심중을 헤아리며 한참 맥을 놓고 있었다.

  다음으로 주홍글씨의 저자 나다니엘 호돈(Nathaniel Hauthone)의 고향 셀럼으로 향했다. 인간의 죄와 위선에 대한 통찰력이 담겨있다는 그의 작품 의식을 상기하는 기회였다. 마녀재판에서 억울하게 사라져가야 했던 영혼들의 사연 때문에 순간이나마 가슴 타는 분노를 의식했던 소설 '주홍글씨'를 읽었던 기억이 새로웠다. 만물의 영장이라는 인간의 야만성에 절망하면서 많은 것을 회의했던 풋풋한 시절의 감회는 지금도 나의 어디에 그대로 살아 있었다.

  Emily Dickinson이 낳고 자란 저택에도 들렀다. 누리고 산 당대의 흔적이 역력했다. 명예와 권세와 부를 자랑하던 아버지 그늘에서 일생을 미혼으로 살면서 자기를 감추고 살았던 에밀리에게 짙은 연민을 느꼈다. 내 사고의 범위를 벗어난 한계까지 안아 주고 싶은 처녀 시인이 아버지의 친구를 흠모했다니. 그녀의 시는 어디에서 잉태되었을까. 디킨슨은 생시에 익명으로 7편의 시를 출판했을 뿐이지만 사후에 44개의 시 꾸러미가 발견되어 주목받게 되었다 한다. 에밀리의 시는 조용한 열정으로 불타는 순수함을 지니고 있다. 기타 색다른 구도의 그림 갤러리 등 알찬 여행이었다.

  애초에 비행기표를 구입할 때부터 여행 마지막 날 메사츄세스 Stockbridge에서 뉴욕으로 들어서면서 라과디아 공항으로 직행하여 시카고행 밤 비행기를 타는 스케줄로 짰었다. 버스 운행에 따른 변수를 감안하여 밤 10시 최종 편 비행기표였다. 10시 비행기를 타려면 적어도 오후 8~9시쯤에는 비행장에 들어서야 하는 게 상례다. 매사추세츠에서 출발할 때 가이드에게 사정을 말하고 다짐받은 바 있다. 허나 버스는 안타까운 내 가슴은 아랑곳없이 거북이처럼 굼뜨기가 그지없었다. 나는 애가 탔지만 내색하면 요란하게 보일 뿐 오히려 악영향을 미칠 것을 염려하여 입을 꼭 다물고 벙어리냉가슴을 앓

듯 했다. 초조함을 감추느라 초주검이 되어가면서 태연자약하려 안간힘을 썼다. 시간은 촉박한데 뉴욕은 아직 요원하고 해가 진 지는 이미 오래 밖은 깜깜 절벽이다. 거기에 더하여 을씨년스러운 가을비가 주룩주룩 나리고 있었다.

　중간에 한번 가이드에게 다짐하였을 때 가능할 것 같다더니 급기야 뉴욕을 앞에 두고 가이드는 무책임하고 어색한 표정으로 도저히 불가능하다는 선고를 내렸다. 기막힌 실망감이 머리를 쳤다. 가이드와 냉정한 눈망울이 교차하는 그때의 기분은 손잡고 가던 친구가 최악의 위험지에서 갑자기 손을 뿌리치고 돌아서는 것 같은 배신감을 느꼈다.

　비행기가 연발이라도 하는 행운을 꿈꾸며 계속 긴장을 놓지 않았으나 그 흔한 연발 소식은 카톡에 뜨지 않았다. 10시 발 비행기면 적어도 9시 25분에 비행기 탑승을 해야 하는데 9시가 거의 되어가는 시각에 사방을 분간할 수 없는 어둠 속 어느 길가에 내려주며 택시를 타란다. 공항과의 거리가 요원하니 포기하는 게 현명하다는 의견이 태반이었다. 낮이라도 분간할 수 없는 뉴욕의 거리를 하물며 비가 나리는 칠흑 같은 밤이었으니 어둠의 도수를 헤아릴 길이 없었다. 우선 앞에 선 택시를 잡았다. 택시 기사 왈, 그 지점에서 조금이나마 빨리 가려면 비싼 톨비를 감당하고라도 톨게이트를 지나야 한단다. 그래도 불가능할 확률이 80%란다. 허나 포기하기에는 아직 20%의 가능성이 있다. 비행기를 놓치면 호텔을 찾아 헤매야 하고

이 비행기표는 환불이 불가하며 다음날의 새로운 표는 두 배의 가격으로 구입해야 하고 더하여 다음 날 시카고 스케줄은 엉망이 된다. 아무튼 최선을 다해 보자는 것이 마지막 해답이었다. 빗속을 뚫고 톨게이트를 거쳐서 터미널을 외치며 공항에 도착했다.

정신없이 뛰었다. 휴대품 검사대를 통과하는데 코트를 벗어 박스에 넣지도 못하고 던진 채 통과시켰다, 게이트 D nine을 향하여 생명을 걸었다. 나에게 그토록 대단한 돌진력이 있다는 사실에 새삼스럽게 놀랐다. 극에 다다르면 다섯 살짜리가 엎어진 차를 들어 올릴 수 있다는 마력에 대한 연구결과가 사실인 듯싶었다. 탑승 입구에 도착하니 숨이 끊어질 것 같았다. 개찰문은 굳게 닫혀있었다. 무료한 표정으로 서 있던 개찰원이 숨을 몰아쉬며 미친 듯이 달려오는 나를 측은하다는 듯 멀거니 바라보았다.

시간은 이미 10시를 넘어서고 있었다. 무모한 노력이 가소로웠다. 아예 차분히 포기하고 잔류 일행들을 따라갔어야 했는데. 당찮은 노력을 해가면서 일행들까지 번거롭게 했었구나. 온갖 것이 후회스럽고 말도 안 되는 상념들이 머릿속에서 난동을 부리고 있었다. 여러 방법 중 내가 택한 상황판단은 옳은 것이 아니었다는 후회뿐이었다. 실패하더라도 끝까지 가본다는 결심이 억지스러웠다는 생각까지 기승을 떨었다. 그러나 한편으로는 여한 없이 최선을 다해 보는 것도 괜찮은 일이었다고 나를 달래면서 한참 동안 갈피를 잡지 못하고 허물어지듯 멀거니 서 있었다.

그래도 여기까지 달려와서 한마디 말도 없이 돌아설 수는 없었다. 숨을 돌리고 나서이다. 그때의 나의 얼굴은 넋이 빠져버린 칠푼이 같은 표정이었을 것이다. 모자란 척 비굴하다 할 만큼 기죽은 소리로 사연을 설명하면서 나를 좀 도와 줄 수 없겠느냐 물었더니 개찰원이 담담한 목소리로 35분 연발이라 아직 문을 열지도 않았으니 안심하라는 것이었다. 내 귀를 의심했다. 그곳에 기적이 나를 기다리고 있었다는 사실에 놀랐다. 어떻게 이럴 수가. 버스에서 내리면서까지 비행기 연발을 고대하며 셀 폰을 뒤졌을 때도, 택시 안에서 점검했을 때도 엄혹하게 정시 발이라고 적혀 있었는데. 게이트를 향해 달리는 순간에 35분의 기적이 일어난 모양이다. 끝까지 포기하지 않고 버틴 질기고 질긴 나의 미련한 집념이 꽃을 피웠구나. 최후까지 실망하지 않았음을 칭찬하시는 어떤 미지의 힘이 나를 힘껏 안아주었다. 오호라, 행운이야. 35분의 기적이여, 분에 넘치나이다.

마음의 곡선

"별은 보는 사람에게만 뜬다." "물속으로 뛰어들어 별을 건져야 한다."라는 의욕으로 나섰던 신년의 새 아침이 있었다. 물에서 별처럼 반짝거리는 물고기의 등을 보았을 뿐, 물속에도 길이 있다는 어려움만 배우고 돌아온 나는 이제 또 이해를 마무리해야 한다.

언뜻 그렇게 한 해를 보내고 말았다. 삶의 경쾌한 리듬이 들리던 봄, 폭우가 쏟아질 때 수천만 개의 기둥 같던 장대비는 셀 수도 없었고 그보다 더 많은 햇살도 헤아리지 못했지만 그것들은 분명한 선물이었다. 허물어진 흐름, 그 안에 질서도 있었고 한세상 건너갈 계획서도 숨겨져 있었다. 우리가 만나서 즐겼던 한 해는 이렇게 소멸해 버린 것이다.

1야드 정방형 콘크리트가 정결하게 줄을 이은 싸이드 길을 걷는다. 시들어 가는 가을빛에서 자연의 리듬을 듣는다. 언제 새로운 계절은 온 것일까. 지난여름 그토록 일색이던 푸르름이 각기 다른 본색을 간직하고 있었음에 놀란다. 모든 나뭇잎들이 다른 색으로 변장하고 있다. 근본이야 다르지만 푸르던 시절에는 본연의 정체를 감추고 싶었던지 농담의 차이였을 뿐인데. 이제 이름도 모르는 색으로 단장한 후 유유히 공중을 날며 지는 모습, 저 속에 세월은 숨어서 달아날 것이다. 태연히 사라져 가면서 사람의 가슴을 이리도 시리게 할 수가 있을까. 가시처럼 심장을 들쑤셔서 허무를 느끼게 하면서도 사랑스럽게 부드러운 유희로 곡선을 그린다.

분주한 사람들의 촌락에 별처럼 꽃잎처럼 낙엽이 내린다. 물에서 건지지 못한 별을 바람에 흩날리는 낙엽에서 본다. 이 골짝의 저 나무들이 저리 고운 색을 품고 있었다니. 흔한 표현으로는 셀 수 없는 이름 모르는 색들이 화려했다. 낙엽들은 언제나 나를 심각한 골짝으로 이끈다. 숱한 가을을 살았으면서도 그냥 넘길 수 없는 이 가슴앓이 같은 어리석음은 무엇인가. 인간은 숭고한 존재이기에 아름다움 앞에서 갈팡질팡하는 것일까. 자연의 불가사의 앞에서 생애에 처음 만난 가을처럼 수다를 떨고 있는 내가 우습다.

나는 지금 이런 생각에 사로잡히고 있다. 인간은 외모에 있어 약간의 미추의 차이야 있겠지만 천편일률적인 생물체다. 그러나 내면에는 자기 고유의 빛깔을 지니고 속에 숨겨진 자기만의 자기를 토로

할 상대가 없음에 서로가 외롭고 고통스러운 것은 아닐까. 소통이 되지 못하기 때문에 갈증을 안고 살아가는 것은 아닐까. 오묘한 마음의 곡선 미학을 펴내지 못하기에 허공에 떠 있는 것처럼 외톨이라 느끼며 사는 것은 아닐까.

개체가 모여 집단을 이룰 때 우리에게는 동료가 있다고 느낀다. 우리가 함께 어우를 때 존재의 참 이유를 발견한다. 여름 나무일 때는 자기를 숨기고 살다가 가을이 오면 독특하게 드러내는 개체의 빛깔로 변한다. 바로 인간이 지닌 고독한 침묵의 형태 바로 그것이다. 그런대로 무질서하게 옹기종기 모여도 웃음을 나누는 조화로운 짜임새가 보인다. 가볍게 나르는 흰 구름 밑으로 병풍처럼 둘러싼 저 야산을 보라. 공중을 나는 꽃잎 같은 낙엽의 밀어를 들어보자. 아파하지 않고 무심하게 지는 낙엽이지만 결코 의미가 없지는 않을 것이다. 누군가를 위해 푸르렀던 그날에도 그들은 비밀스럽게 개체의 고운 색을 꿈꾸고 있었거니, 한번 폼 나게 물들이고 난 후 사라지려고 벼르고 있었던 것 같다.

오고 가는 세월의 무게에도 아랑곳없이 나는 책 사이에 앉아있고 싶다. 싱싱한 아이디어로 창조의 지평을 넓혀갈 수 있었으면 좋겠다. 지난날의 과정에서 품었던 그리움의 보따리를 안고 어느 날 거기에서 싹이 트리라는 기대도 버리지 않을 것이다. 이루지 못한 것들, 미미한 능력이나마 버리지 않고 살아갈 것이다. 나와 교감하여 눈을 마주친 세월을 보내면서 성장통 같은 아픔을 느끼고 있다. 그러나 마지막 한마디, "나에게 온 것은 모두 축복이었다."라는 것만은 잊지 않을 것이다. 남은 시간을 아껴야지. 치렁치렁한 세월에 예쁜 글을 써 메달아볼까.

살아있다는 감격

오늘은 세상이 온통 들떠 있는 듯하다. 들뜸이 없다면 약간 무미할 것이다. 보통날과 다르게 호화로운 식탁을 꾸미고 오랜만에 만난 가족과 또는 친지들과 마음을 열고 웃음꽃을 피운다. 그러지 않고는 견딜 수 없는 밤이다. TV 화면은 화려한 장식과 붉고 푸른 크리스마스 의상으로 차려입고 웅성거리는 사람들로 꽉 차 있다. 드디어 막이 오르고 '안드레이 보첼로'가 등장한다. 천상의 목소리라는 찬사를 보내야 할 만큼 맑고 정감 어린 목소리로 크리스마스이브의 진수를 연출한다.

청아하면서도 우렁찬 선율에 매혹되어 무아의 경지에 빠지면서 노래에 대한 흥분이 가슴에 흥건히 고인다. 뒤이어 용암이 분출하듯 열광하는 박수가 터진다. 크리스마스이브는 이런 맛이 있어야 제격이다. 그리고 장이 바뀌어 유명 교회에서 연출하는 합창이 이어진다. 남녀노소 다양하게 편성된 합창단원이 무대에서 한 호흡으로 묶여서 노래한다. 합창이 연주될 때 음률에 따른 몸의 흔들림, 들썩거리는 어깨, 각 얼굴에 녹아있는 성심, 열정을 쏟아 몰입하는 입놀림, 살아있는 생명체가 발하는 에너지가 넘치고 있다. 노래할 때 제비 입처럼 같은 모양으로 벌려지고 다물어지는 통일미, 거기에서 빚어지는 우렁찬 목소리들이 부드럽게 울려 퍼지면서 이루어지는 화음, 어떤 때는 굵고 어떤 때는 가늘다. 순간 가슴이 뜨거워진다.

함께 따라 부르고 싶을 만큼 경쾌하면서도 성스럽고, 흥겨우면서도 격이 있는 크리스마스 캐럴, 안으로 응축되었던 소망에의 열정이 조심스럽게 터져 나오는 소리, 옆 사람과 조화를 이루기 위한 배려로 둥글게 뭉쳐진 호흡, 갈고닦은 실력이 내재한 울림이 있는 깊은 음색. 아름다운 힘이었다. 나는 조용히 부르짖는다. 이것이 바로 창조이며 단합이고 조화라고. 이 밤의 진귀한 선물은 바로 이 선율이다. 여러 소리가 뭉쳐 심오한 울림으로 번지고 살아 숨 쉬는 인간이 연합하는 모습, 끊을 때 끊고 오를 때 함께 오르며 열정을 다하는 모습, 거기에 빚어지는 신비로움, 나는 흐트러진 자세를 바로 하며 옷깃을 여몄다.

이해가 뉘엿뉘엿 저가는 순간에 새해를 위하여 잡아야 할 비전은 바로 저 연합에 얻어질 수 있는 탄력 넘치는 창조라고 소중한 정답을 얻었다. 가슴이 울렁거리며 누군가에게 이 감격을 이야기하고 싶어진다. 살아있다는 사실은 충만한 행복이다. 나는 그 합창 속에서 웅변하는 생명력을 감지했다. 이 지구에 살고 있는 우리 모두가 힘을 모아 지구를 짊어지고 가는 환상에 젖어본다. 내가 서 있는 땅을 내가 어떻게 지고 간다는 것인가? 평화적으로 우리 모두 함께 이 지구라는 배를 타고 우주를 항해한다는 뜻으로 이해하자.

자정이 되어 고종명의 순간처럼 TV 화면이 깜깜해졌을 때, 세상의 모든 빛이 사라져 버린 것처럼 허망했다. 화려한 잔치가 끝나면 이처럼 깜깜한 어둠뿐일까? 아니다. 이 침묵은 휴식이다. 휴식은 활력보다 더 큰 힘을 가졌다. 내일을 위한 힘을 비축하는 시간이다. 새로운 시작을 알리는 메시지가 작성되는 시간이다. 신년의 계획과 성취를 위한 의욕을 그 합창 속에서 찾을 수 있었던 홍분에 오랫동안 잠을 이루지 못한다. 메아리를 수집하는 어느 소설 속의 소녀처럼 크리스마스 캐럴의 메아리를 가슴에 담고 그 여운을 잃지 않으려고 애써본다. 신년에는 수능 고사를 앞둔 학생처럼 책과 더 큰 결투를 벌여보려 한다. 해야 할 공부가 눈앞에 줄을 섰다. 나는 노년을 학생기로 살아가려 한다. 나는 아직 피 끓는 젊은 학생이다. 할머니의 작심 치고는 좀 과장스럽지만 그러나 그게 바로 나다. 나는 나답게 존재하고 싶다.

기막힌 밥상

나는 지금 많이 들떠 있다. 맛있는 음식이 나를 기다리고 있는 것 같아서 어서 밥상 앞에 앉고 싶은 조바심 때문이다. 어서 오라고 재촉하는 밝은 목소리가 뒤통수를 잡아끈다. 이런 흥분은 나만의 비밀이다. 미리 물을 좀 마셔놓아야겠다는 목마름을 느끼면서 그 짜릿한 맛을 상상하는 기분은 한층 더 나를 설레게 한다.

그러나 사실 그것은 차려놓은 밥상이 아니다. 지금 막 배달부가 놓아두고 간 소포 속의 것에 대한 조바심이다. 무거워서 혼자 들어 올리기도 어려운 박스 속에 든 책을 어서 꺼내서 읽고 싶은 열망이다. 꽉꽉 봉해진 박스를 열자니 비닐 테이프를 따기 위해 칼이 필요했다. 열세 권을 주문했는데 다 왔을까? 책 숫자 따위는 지금 따질 때가 아니다. 책들을 어서 펴보고 싶다. 박스에 빽빽하게 채워진 책을 꺼내자니 손가락의 고통이 심하다. 시집부터 펼까. 아니 그 소설집부터 펼까, 식혜를 마실까, 갈비를 뜯을까, 조기 알을 먼저 파먹을까, 먹을 탐 센 다섯 살짜리 아이 수준이다.

묵은 책 한 권도 버리고 싶지 않아 꼭 움켜쥐는 욕심을 버려야 한다고 시시때때로 달래고 있는 주제에 또 책을 주문해 놓고 이 요란을 떠는 꼴이라니.
"버려야 해, 모두 정리해야지. 독하게 마음먹지 않으면 어렵다고. 눈 딱 감고 버려. 그것도 용기고 능력이야." "맞아, 그렇게 정리하지 않으면 죽은 후에 자식들 짐 된다고. 애들 고생시키지 않으려면 정신 차려야지." 친구들의 조언이 귀에 선하다. 그토록 고개 까닥이며 긍정해 놓고도 또 책을 샀다. 이번에도 열세 권이나 되는 책을 한 번에 주문하면서 그 망설임이라니 웃지 않을수가 없다. "주문을 할까 말까?" 사고 싶다. "더 이상 사는 것을 금물"인데. 그래도 사야 해.

우선 3백 권쯤 된 월간지부터 처분해야겠다고 작심한 지가 언젠데. 이런 내 마음을 책들이 안다면 얼마나 서운해할까. 얼마나 분노할까. 언제는 그토록 기다리다 도착하면 두 팔을 벌려 감싸 안고 좋아하더니. 달면 삼키고 쓰면 뱉는 '나'라는 존재를 비웃겠지. 이번에도 그렇게 망설이다 주문했는데 막상 집 안으로 책이 들어오니 반가움을 감출 수가 없다. 이것은 내 마음의 타오름이다. 이런 설렘을 어디서나 맛볼 수 있는 것은 아니지. 가슴속에 만들어진 휑한 공간으로 쑥쑥 들어갈 이 신간들, 이들은 진부한 내 마음자리에 새싹을 피

우리라.

  이 책들은 나의 여생을 새로 살게 하는 도전장이 될지도 모른다. 이렇게 나를 흔들어줄 줄 몰랐었다. 주문하길 잘했어. 나는 이들 열세 권의 책을 가슴 깊이 받아들인다는 의미로 책갈피에 도장을 꾹꾹 눌렀다. 그 누구도 펴 보지 않은 책의 산뜻하고도 정결한 얼굴에 키스라도 퍼부어 주고 싶다. 새 책에서 풍기는 냄새는 매혹스럽다. 나는 이 책들 속에서 새로운 질문을 받을 것이며 새로운 스타일의 시를 읽을 것이다. 문화 비평을, 문학평론을, 현시대를 한 편의 에세이로 적은 사연들을 맛있게 먹을 것이다. 값비싼 영광 굴비알보다 정성껏 조리한 궁중식 갈비찜보다 더 맛있게 이 책들을 먹을 것이다. 작가들의 숨죽여 우는 소리도 듣고 웅얼웅얼하는 독백도 엿듣고 그들의 속 터진 울화도 읽을 것이다. 어눌하게 살고 있는 내가 좀 더 확실한 색으로 채색될지도 모른다.

  하나둘보다 열 개는 더 비중이 있다. 그래서 기쁨의 무게가 더해진 것일까. 책 서너 권쯤 주문하는 일이야 매번 있는 일이라 대단찮았지만 오늘의 배달이야말로 어느 때보다 내 가슴을 벌렁거리게 했다. 아담이 이브의 꼬임을 받았을 때 가슴이 쿵쿵거리고 뛰었을 것이다. 애인 앞에선 울렁거림이 이런 것이었던가. 허약한 나의 마음자리가 책 때문에 헤실헤실 웃었다면 나는 책과 열애를 하는 것인지도 모른다. 울지 않는 전화를 노려보는 일 따위 하지 말자. 내가 먹어 치워야 할 이 기막힌 밥상 앞에서 강렬한 식욕으로 나의 얼굴이 환해진 것 같다. 침이 고이는 음식 앞에서 한없이 행복해진 나를 만나기 위해 나는 책을 또 주문할 것이다. 음울한 무력감 같은 거 불태워라. 그리고 통렬하게 읽으라. 사고하라. 그리고 쓰라. 그러다 어느 날 책으로 얼굴을 덮고 곱게 가리라.

타샤의 집

　대서양이 출렁이는 해변이다. 타샤의 집은 사철 파도가 춤추는 바다가 곧 손에 잡힐 듯한 언덕에 자리하고 있었다. 타샤가 이런 바닷가에서 파도 소리를 들으며 자랐다는 사실을 몰랐었다. 타샤는 딸의 대학원 친구라서 오래전부터 친히 알고 있었지만 LA에 있는 그의 부모님 댁을 방문하기는 이번이 처음이다. 그 집은 다이닝룸 리빙룸 타샤방 등 어디에 앉아도 바로 코앞이 바다이며 고개를 들면 멀리 수평선이 보였다. 타샤의 침대에 누우면 쏴 쏴 파도의 숨소리랄까, 아니 바다의 몸부림을 들을 수 있었다. 그리움의 호소 같은 파도 소리가 밤낮 끊임이 없다. 바다를 향한 집 앞의 뜰에 붉게 핀 칸나의 크기가 유달라서 환성을 토하고 말았다. 그 옆에 집을 지키는 수호신처럼 높고 굵게 자란 선인장의 위력에 여기가 남국인가 하고 여러 번 어리둥절하곤 했다. 바다를 향한 비탈에 지어진 집이라 정원수나 꽃들이 충계 식으로 심어져 있었다. 결코 크다고 말할 수 없는 정원에 오밀조밀하게 심어진 화초들, 그 요소요소에 놓인 의자와 작은 테이블들이 정겹기 그지없었다. 그 자리에 앉으면 금방 더운 김이 모락거리는 향 짙은 커피 생각이 났다.

거실에는 집주인이 고고학자일까, 아니면 고대사 연구가일까? 라는 질문을 던지고 싶을 만큼 예스러운 것들로 벽을 채우고 있었다. 청동기 시대의 유물 같은 것, 석도, 활 등 작은 박물관에 온 듯한 기분이었다. 어떤 것들은 멕시코에서 사 온 것 같기도 하고 어떤 것은 일본에서 온 것 같기도 했다. 벽에 걸린 물건들을 눈여겨보면서 타샤의 부모님들은 색다른 여행을 즐기며 살고 있다는 인상을 받았다.

날씬한 키에 갸름한 얼굴 새파란 눈동자에 약간 수다스러운 말솜씨로 상대를 어디로든 끌고 가는 타샤의 매력은 대단하다. 그래서 이 그룹들은 어디를 가던 어떤 사건의 해결이나 물건 흥정을 해야 할 일이 있으면 언제나 타샤를 앞세운단다. 맵시가 좋고 말이 좋아서 중매쟁이로 내세운다는 동화 속 제비 같은 존재다. 그때마다 타샤는 틀림없이 책임수행을 완벽하게 해낸다는 것이다. 자신감 넘치는 타샤의 제스처는 늘 즐겁다. 그의 일거일동은 약간 선머슴 같은 데가 있다. 어디 가서나 별로 조심성스럽지 않고 내키는 대로 행동하고 깔깔거리는 경쾌함이 상징적이다. 얼굴이 예뻐서 오가는데 친구가 되고 싶어 하는 남자들이 줄을 선단다. 그런데 이상하게도 그 그룹 중 오직 타사만이 결혼하지 않은 채 나이 40을 넘겼다.

타샤에게는 두 엄마와 두 아빠가 있다. 타샤가 두 살 때 엄마·아빠가 이혼하고 엄마는 총각이었던 새 아빠와 재혼했고 아버지도 재혼하여 새엄마를 가졌으니 그럴 수밖에. 타샤는 새 아버지의 보호 아래 자랐다. 그런데 타샤는 두 아빠와 모두 무척 가깝다. 그의 대화 속에는 언제나 두 아빠가 등장한다. 두 아빠에 대한 그리움이나 소중함이나 감사함을 꼭 같이 표현한다. 이 아빠 저 아빠의 칭찬도 똑같이 하고 진정으로 두 아빠를 좋아하고 있는 것 같았다. 타샤의 두 아버지에 관한 이야기는 의도적인 것이 아니고 진심 어린 속마음임을 느끼게 해주었다. 타샤 손에는 구식스런 다이아몬드 반지가 끼어져 있다. 새 아빠의 어머니인 할머니가 타샤에게 유물로 주셨다 한다. 새 아빠에게서 낳은 여동생 남동생이 있는데도 할머니는 굳이 타샤에게 자기 결혼반지를 주시고 세상을 떠나셨다니. 무언가 새로운 세계를 본 것 같았다. 혈연만을 고집하는 우리 풍습에서는 찾아볼 수 없는 넓고 큰 생활관이 느껴졌다.

대학원 졸업식에는 두 어머니와 두 아버지가 모두 참석하여 서로 세련된 매너로 인사를 나누며 타샤의 졸업을 축하하던 기억이 새롭다. 타샤의 파란 눈이 반짝거리면서 벙글거리는 얼굴엔 구김살이 전혀 없었다. 더욱 놀라운 것은 타샤의 엄마는 매년 정월 초하룻날 아침에는 전 남편인 타샤 생부를 초청하여 브런치를 함께 한단다. 타샤는 두 아빠와 자기 엄마가 준비한 정월 초하루의 브런치를 먹는 것이 즐거움이라고 자랑했다. 우리 풍습과는 거리가 멀고 먼 이야기였다. 그들은 달도 별도 풀도 사람도 미물 짐승까지도 품어 안는 커다란 경지를 살고 있는 것 같았다. 궁극적 메시지야 어떻든 무언가 눈에 보이지 않고 우리가 흉내기 어려운 아름다운 것을 담아가는 느낌으로 흐뭇함이 가슴에 차고 넘치는 여행이었다.

해남 가시나

고향은 어디에도 있고 어디에도 없다 한다. 고향은 마음속에 그리는 이상향이라고도 한다. 선대의 기억이 있는 곳이 고향이라고도 한다. 떠난 후에도 꼭 다시 찾아가 보고 싶은 곳이란다. 모두 맞는 말인 듯 싶다. 그러고 보니 내 고향은 분명히 해남이다. 손으로 턱을 고이고 생각해 보니 그 많은 이유 중 내가 좋아하는 고향은 해남 가시나 들의 촌뜨기 기질인 것 같다. 해남 가시나들은 우선 숫스럽다. 다시 말해서 웅숭깊고 착하나 약삭빠르지 못하다. 손에 든 떡을 누가 달라하면 자기 먹을 것도 남김없이 몽땅 주어버리는 백치성 선행아 같은 기질이 있다. 또한 수더분하고 살림을 잘한다. 그래서 해남 처녀 중매가 들어오면 '묻지 말라 갑자생'이라는 속어가 따를 정도로 인기가 있다. 시대의 소명을 안 듯 모른 듯 산골에 핀 보라색 야생화 같은 매력이 있다. 한번 만나면 깊은 인연을 맺고 싶은 가시나들이다.

별난 이유가 있는 것도 아닌데도 어떤 끌림이 있다. 해남 가시나들은 기교를 모르는 순박함이 바탕이기 때문에 만나고 난 후감이 좋다. 무엇이나 후하게 나누어 주고 먹기 좋아한다. 불쌍한 꼴을 보지 못해서 과잉 동정을 하다가 본전을 잃어버리는 수가 허다하다. 이냥 저냥 곱게 자란 때 묻지 않은 인정이 있다. 섬세하고 부드러운 감성이 있다. 평범하고 수평적인 일상에서 만나서 남에게 손해를 끼칠 만큼 뻔뻔스럽지 못하다. 이웃과 밀착하여 살며 의리가 있다. 그러나 한편 벽창호처럼 답답하고 소박하다. 그런 성향 때문에 가해자에 대해 대항을 시도하지 않는다. 어리석다 할 만큼 착하다. 이쯤이면 이 물질문명이 극에 이른 어지러운 세상에 한 가닥 등불이 될 만하지 않은가 말이다.

　그런 심성을 나는 해남스럽다고 말한다. 내 고장 여인네들의 이 순박한 기질을 나는 사랑한다. 나는 8만 리 먼 땅, 미국이라는 나라에 와서 수십 년을 살고 있어도 고향을 잊지 못하는 이유가 바로 그 점 때문이다. 나에게도 해남 가시나의 성향이 강하게 존재한다. 그 바보스러움을 한없이 미워하면서도 고치고 싶지도 않다. 그렇다면 아는 바보로 살면서 분노하지도 말아야 할 게 아닌가 말이다. 그러나 뻔히 알면서도 저주고 속아준 후에 바보 노릇을 한 안타까움을 삭이느라 몸부림을 치는 모순이라니 가관이다. 그럴 때마다 나는 더욱 절절히 고향을 그리워했다.

　노랑머리 빨강머리 곱슬머리 수십 가지의 종족들이 사는 시카고,

온 세계인의 가지각색 문화가 혼합된 대도시, 미국의 한 중심부에 있는 시카고가 나의 제2 고향이다. 각 나라 음식을 즐기고 타민족의 풍습을 엿보면서 세기의 첨단 문명을 접하여 어울리고 있다. 그러나 내 고향에 대한 향수를 잊지 못한다. 내면의 흔들림에 천착하는 기질적 외로움을 앓고 있다. 헐렁한 가슴으로 수백 번 고향을 뇌이면서 해남 계집아이들의 본성에 변함이 없기를 기원한다.

  고향은 한 생명의 탄생지이며 이 세상과 만나는 원형지이다. 하나의 운명이 만들어지는 곳이기도 하다. 금강 곡에서 흐르는 맑은 물과 미암산의 부드러운 곡선이 낳아준 정기를 받아서 사람들이 온화하다고 들었다. 해남 사람들의 인품이 오늘의 험한 사회를 정화할 수 있기를 빌어본다. 해남의 딸들은 후덕하다. 기름진 땅에 물 좋고 기후 좋은 내 고향 사람들의 본심에 변화가 없기를 희망한다. 너무 착해서 살살 둘려먹기에 꼭 맞아서 '해남 풋 나락'이라는 별명이 붙어 있다. 풋 나락이라는 별명을 좋은 의미로 받아들이기는 어렵지만 나는 멋지게 해석해본다. 풋 나락은 아직 미숙하다. 완전 성장을 하지 않았기 때문에 만만해서 이용해 먹기 좋다는 뜻으로 약간 폄하하는 뜻이 숨어 있다. 하지만 풋 나락은 머지않아 알차게 자라서 겸손하게 고개를 숙인 황금색 벼가 될 것이다. 옥구슬 같은 쌀알을 우수수 탄생시킬 것이다. 그래서 부촌이라 한다. 탄탄한 미래가 훤히 보인다. 어떤 저항에도 이길 수 있는 저력이 있다. 해남 가시나들아, 우리 생긴 그대로 착하게 살자. 고춧가루 세 홉에 물 서 말을 마시고 물속으로 삼십 리를 긴다는 타 군의 지독한 별명이 우리 것이 아님이 얼마나 다행인가. 매끈매끈하게 닳아지지 말고 생긴 그대로 순명하게 마음도 얼굴도 청초한 구절초처럼 처음 생긴 대로 예뻤으면 좋겠다. 세파에 찌든 가시로 타인을 찌르거나 남을 무쳐먹지 말고 귀하게 자란 연꽃처럼 함초롬하고 고결하고 우아하고 참했으면 좋겠다.

모시송편

　가을이 오면 금방 추석이 앞에 다가선다. 다음에 줄지어 송편 생각이 나고 고향 들녘, 색동저고리, 강강술래까지 칡넝쿨처럼 연달아 솟아오른다. 강강술래는 내 고향 해남 사람들이 즐기는 특별한 추석 놀이다. 임진왜란 당시 이순신 장군의 대첩지가 우수영이기 때문에 그에 유래한 전통 놀이라 할 수 있다. 추석 달 아래 여인네들의 고운 모습은 어린 나를 들뜨게 하고도 남음이 있었다. 곱게 단장한 여인네들이 밝다 못해 푸르스름하기까지 한 달빛 아래 손에 손잡고 원을 이루며 발맞추어 뛰던 모습은 환상이었다. 지금도 그런 놀이를 하는 추석일까. 그리움에 궁금증까지 견딜 수 없이 간절한 추억이다.

　미국에서는 손으로 빚어서 솔잎 깔고 찐 송편이야 꿈에서나 볼 수 있을 것이다. 그러나 나는 지금 수더분한 고향 아낙의 인심이 새겨진 진하디진한 수박색 모시송편을 먹고 있다. 내 곁에는 손으로 빚은 흔적이 역력한 투박하고 쫄깃쫄깃한 모시송편을 문에 걸어두고 간 우정이 있다. 비단 솜저고리를 입은 듯 훈훈한 가슴이다.

　기계 속을 통과하면서 만들어진 떡을 껍질로 하고 속에 고물을 넣어서 빚은 떡은 송편이 아니다. 송편은 반드시 쌀가루를 익반죽하여 속에 고물을 넣고 빚어서 솔잎을 깔고 시루에 쪄야 한다. 이 미국 땅에서 시판에 나오는 송편 아닌 떡을 송편이라 이른 떡을 대할 때가 있다. 얼마나 송편이 그리웠으면 전혀 다른 떡에 송편이란 이름을 붙여서 팔고 그것을 사서 먹을까? 그리움의 또 다른 측면이라는 생각을 하다가도 이렇게 가다 온갖 떡의 근본이 바꾸어져 버릴 것만 같아서 걱정되기도 한다. 몇 십 년이 지나면 본국을 떠난 송편은 근본을 잃어버릴 것만 같다. 지금 내가 먹고 있는 모시송편은 한국에서 얼려서 온 것으로 모시 잎을 넉넉히 넣었는지 짙은 수박색이다. 모시 향을 실감하게 한다. 옛정이 그대로 살아있는 것 같다. 어찌 됐든 나는 이 모시송편에 일단 홀딱 반하고 있다.

　고맙다는 말마저 입으로 내뱉지 못하고 좋다는 뜻도 표현하기 어려워 애태우고 있는 산골 처녀같이 투박한 송편 모양새가 흥미롭다. 손으로 주물러 만든 정성이 역력하다. 날렵하고 예쁜 떡이 아니라서 더욱 사랑스럽다. 세상에 닳지도 않고 요란하게 예쁘거나 싸~하게 멋스럽지도 않은 모시송편의 수더분한 모양새, 아릿한 모시 향, 원시림에서나 느껴지는 강하고도 실팍한 수박 초록색, 촉촉하고 먹음

직스러운 큰 송편을 나는 일부러 입을 크게 벌려 베어 물고 쩝쩝 소리를 내면서 씹는다. 먹는 쇼를 하는 개그들처럼. 진짜 떡을 씹는다는 현실감과 떡을 즐기고 있다는 재미를 부풀리고 싶어서이다.

"모시야 적삼에 연적 같은 저 젖 보소/ 많이 보면 병나나니/ 겨자씨만큼만 보고 가소"라는 시조까지 읊조리고 있었다. 그러니까 나는 모시송편에 연하여 모시라는 단어까지 그리워하고 있는 꼴이다. 그러고 보니 이 시에 등장하는 순정 성까지 모시송편과 합세했다. 모싯대에서 벗긴 껍질은 귀한 옷감 재료의 섬유가 되고 그 푸른 잎사귀는 떡재와 결합하여 향을 자랑하다니.

나에게 있어 이 모시향이야말로 무엇인가. 나는 모시 촌에서 태어난 것도 아니고 우리 고장은 모시송편을 억세게 만들어 먹는 곳도 아닌데 왜 나는 이토록 모시송편에 목을 매는 것인지. 인간은 이미 지로 사는 동물인가 싶다. 자연이 숨 쉬는 짙푸른 수박색 송편이여, 끈기 있게 살아다오. 촉촉하고 향긋하고 쫄깃하게 그 우람한 수박색으로 우리의 음식사에 길이 남아주기를 염원한다.

나의 간증 한 토막

그때 딸은 〈예일대학교〉 대학원에 다니고 있었다. 석사 학위 둘을 동시에 공부하는 과정이었다. 밤이 되면 딸은 그날 하루의 학교생활을 눈으로 본 듯이 낱낱이 보고 해주었다. 우리 부부는 그 전화를 받는 것으로 딸의 하루하루의 안전을 믿고 안심할 수 있었다. 그러나 밤늦게까지 도서관에 있는 것도 걱정스러웠고 한 가지 전공만으로도 버거울 터인데 두 가지씩이나 하는 것이 과욕인 듯하여 자랑스럽다기보다 염려스럽기 그지없었다.

딸은 항상 종달새처럼 흥미진진한 얘기로 우리를 기쁘게 해주었다. 클린턴 대통령이 재선을 위하여 예일대를 방문했는데 우연히 자기가 맨 먼저 만나게 되어 아우성을 칠 뻔했다던가, 클린턴이 사진보다 훨씬 키가 크고 미남이라던가, 라는 시시하고 보잘것없는 수다로 재미가 바글바글한 분위기를 만들어 주곤 했다. 딸은 늘 명랑하고 매사에 긍정적이었다.

그런데 하루는 좀 시무룩하고 우울한 목소리였다.

"너 어디 아프니?" 아니라고 부인하고 나서 "엄마 나 오늘 많이 울었어요." "왜?" "몰라요. 괜히 울음이 나서요." 이애는 어려서도 어리광을 부리지도 않았고 엄살을 떠는 아이도 아닌데, 내 가슴이 쿵 하고 내려앉았다. 무언가 특별한 보살핌이 필요한 순간이라는 생각이 퍼뜩 머리를 스쳤다.

이럴 때 엄마의 길은 무엇일까?

내 딸을 위하여 할 수 있는 일을 찾자니 순식간에 머리가 휭 돌더니 금방 떠오르는 것은 기도라는 생각뿐이었다. 이럴 때 도움은 돈도 아니고 대신 공부를 해줄 수 있는 것도 먹여주는 것도 아니다. 나의 하나님께 매달려야겠다는 생각이 전부였다. 동시에 나에게 기도의 대상이 있다는 사실이 어마어마한 재산이라는 안도감에 가슴이 벅찼다. 내가 크리스천이라는 사실이 한량없이 감사했다. 오직 기도뿐이라는 생각이 너무 크고 뚜렷하게 부각하면서 기도하고 싶다는 간절함이 가슴 가득 꽃으로 피어났다.

나는 그 길로 2층 빈방으로 들어가서 조용히 무릎을 꿇었다. 침대에 두 팔을 고이고 합장으로 기도하기 시작했다.

주여, 저에게 기도드릴 대상이 있다는 은혜는 영광이며 힘이며 희망이며 자산이며 이미 승리입니다. 제 딸에게 용기를 주소서. 울어버리는 허약함을 거두어 주소서. 뼈가 으스러질 것처럼 간이 녹아

나릴 만큼 간절히 기도했다. 밤새껏 몇 시인지 시간을 따질 겨를이 없었다. 불같은 부르짖음이었다. 얼마 후에는 입이 말라서 혓바닥이 굳어지고 있었다. 그럴 때는 침묵으로 부르짖었다.

 몇 시간이 흘렀을까. 따르릉 울리는 전화 소리에 눈을 떠보니 유리창이 훤히 밝아오는 새벽이었다. 딸의 밝고 경쾌한 목소리가 들렸다. "엄마 나 왜 이렇게 기쁠까요. 춤추고 싶어요. 너무 행복해요. 내 방에 햇빛이 환하게 비치고 있어요." 환희에 들뜬 목소리였다. 동부 시간은 여기보다 한 시간이 빠르니까 벌써 햇빛을 보는구나. 후~ 한숨을 쉬었다. "감사합니다."를 수 없이 외쳤다. 딸은 그때 전 미국에서 둘째간다는 회사에 뽑힌 것이다. 그 회사는 매년 각 명문대에서 오직 한 명씩만을 뽑는다고 들었다. 40대 1의 경쟁을 뚫고 다섯 번의 인터뷰를 거쳐서 그 관문을 통과했다. 당시 하늘을 찌를듯한 권위를 자랑하던 '헨리 키신저'가 그 회사의 보드멤버였으니 대단한 회사라고들 했다.

 더 흥미로운 사연은 그 회사는 아직 일을 시작하지도 않은 신입사원에게 입사 축하 보너스로 수만 불을 지급하여 자부심을 심어준다. 그 돈으로 세계 각국을 8월 한 달간 돌아다니며 안목을 넓힌 후 돌아와서 9월부터 일을 시작하게 하는 것이다. 그런 식으로 대망의 씨앗을 뿌려주는 회사이다. 이런 사회가 길러낸 젊은이들의 꿈은 과연 어떤 것일까? 나는 그렇게 멋진 세상 얘기를 듣는 것만으로도 내 안목이 넓어진 것처럼 즐거웠고 배포가 커진 듯했다. 이런 뿌리가 있기에 미국에는 세계 제일의 것이 차고 넘친다고 생각하지 않을 수 없었다. 나는 지금도 내 하나님이 주신 수많은 은혜에 날마다 어리둥절한다. 감사는 나의 기도이며 내 삶의 알파요 오메가다. 하나님은 나의 작은 신음에도 응답하시는 분임에 틀림이 없다. 주님의 과분하신 사랑 앞에 나는 날마다 깊이 무릎을 꿇는다.

진주여 안녕

 그의 빛과 영롱함은 독특했다. 그것은 나에게 있어 매혹이었고 그 고귀함이 훼손될까 두려워 누구에게 설명하는 일마저도 삼갔다. 그는 움직이지도 않고 말도 하지 않는 정물이고 나는 말을 하고 피가 통하는 인간이다. 이 건널 수 없는 강을 두고도 우리 사이에는 어떤 약속 같은 것이 있었다. 아니, 어쩜 나는 그의 생성 과정을 인간의 생성 과정보다 더 깊고 높은 자리에 두었는지도 모른다. 그는 보랏빛 조개 궁전의 딸이었을 것 같다. 윤나는 보랏빛 조개 속에서 파도 소리를 들으며 자랐던 듯싶다.
 손가락으로 헤아리기도 아득한 오래전 일본에 있는 진주 섬에 간 일이 있었다. 흔히들 분홍빛 진주가 질이 좋다던가, 아이보리색 진주가 우아하다고들 의견이 분분했다. 그러나 보라색 진주라는 말은 들어본 일이 없다. 그런데 기이하게도 이 진주는 아주 맑고 은은한 보랏빛을 띠고 있었다. 가만히 들여다보면 탄성을 발하지 않고 견딜

수는 없었다.

보석상에서도 이 상품이 대단해서였는지 고객의 구매욕이 자극되도록 눈에 잘 뜨이는 곳에 자랑스럽게 전시되어 있었다. 나는 그 진주의 질이나 생성 과정에 대하여 아는 바가 없다. 다만 그것은 청주의 웃물처럼 너무나 진짜 같았고 그 희귀함이 나를 감동시켰기에 갖기를 열망했다. 미적 완성에 도움이 되는 장신구라기보다 어떤 소중한 비밀이 우리 사이에 침묵으로 이어지고 있는 듯했기 때문이다.

그는 어떤 "내성"을 지니고 있었다. "내성"이란 안으로 깊이 들어가서 어느 영혼과 만나는 것이다. 진주의 절묘한 광택과 빛은 그가 자라온 집, 즉 조개의 빛깔에 의한다고 들렸다. 그러니 여기저기서 아무리 같은 것을 찾으려 해도 절대로 찾을 수 없는 바로 그런 내성이었다. 빛깔이 특이한데다 호화로운 윤까지 발하고 있으니 인조진주가 자연산보다 더 화려한 경우가 있다면서 좀 만져보아도 되겠느냐는 진주 전문가들의 질문을 여러 번 받기도 했다. 지름이 1.5cm로 요란스럽게 화려하지도 않고 18금으로 얌전하게 세팅되어 있었다. 그 조용한 세팅의 겸손함이 더욱 마음에 들었다.

있는 듯 없는 듯 신비스러운 보랏빛을 설명할 재간이 없다. 인간이 경험할 수 있는 가장 아름다운 것 중 하나가 신비스러움을 만날 때라 한다. 이 진주는 그 특유의 신비스러운 마력을 지니고 있었다. 그는 나에게 있어 물건이라기보다 인간의 원초적인 감정을 공유하는 존재로서 무엇인가를 깊이 소통하고 있는 것 같았고 나로 하여금 내 일상을 재해석하게 했다.

그렇게 우리 사이는 어떤 비범함으로 엮이고 있었다. 거기에 설명을 붙이면 구구스럽다. 그렇게 해서 가져온 그 반지는 내 화장대 서랍 빨간 벨벳 호사스러운 박스에서 편히 쉬고 있다가 결혼식, 회갑잔치 돌잔치 등 행복한 잔치 때만 기쁘게 동반했다. 그와의 나들이는 언제나 축복을 주고받는 자리였다.

유타주에 있는 부리이스캐년, 자이언캐년을 구경하러 갔었다. 바람만 오가는 곳에 하늘을 이고 사는 붉은 황토색 높은 돌산 봉우리를 우러르며 생각했다. 자연은 오만인지 겸손인지 인간이 따를 수 없는 오묘한 우월성을 자랑하고 있다는 사실을 또 한 번 시인하면서 우람한 자연에 도취했다. 돌아오는 길 중간쯤에 있는 한국 식당에서였다. 식사 테이블에 앉아 우연히 손을 상위로 올리는 순간 "어머 내 반지" 그것은 분명 비명이었다. 18금 반지 모체만이 손가락에 엉성하게 남아 있었다. 앙상한 절망, 텅 빈 허무, 진주의 실종이었다. 가슴에서 통통배 소리가 나고 당황스러웠지만 옆 사람들에게 실례가 될까 봐 태연함을 가장했다. 금방 입이 쓰디썼다. 어쩌면 버스의 앉은 자리에 빠져있을지도 모른다는 요행을 꿈꾸면서 허겁지겁 버스로 향했다. 기대는 허사였고 영이별이었다. 기적을 바라며 이리저리 숲속을 헤매었으나 그야말로 오리무중이었다. "너는 그렇게 떠나도 되는 거니?" 허접하고 가변스러운 인간들의 약속보다 더욱 속수무책이로구나. 하기야 내 부주의니까 내가 약속을 어긴 거지.

사람 냄새 풍기는 나의 책임 전가가 부끄럽기까지 했다.

지엄한 여행 스케줄에 따라 곧 그곳을 떠나야 한다는 절박감은 더욱 나를 언짢게 했다. 결국 찾아보는 일마저 포기해야만 했다. 이제 너를 찾을 수는 없다손 치더라도 나의 태연자약함은 진주에 대한 의리나 예의가 아닌 것 같았다. 눈을 감으면 진주를 찾아 낙엽 위를 저벅저벅 걷는 발소리가 들려왔다. 가난한 목소리로 조심스레 불을라 치면 허상만이 어른거리곤 했다. 기적을 바라는 내가 한없이 초라하고 가여웠다. 세상 만물은 끊임없이 형태가 변한다.

그러나 그 어떤 것도 지구에서 사라지는 것은 없어. 흔들리지 않는 인과율의 법칙 속에서 우리의 약속은 속절없는 것이었다. 결코 우울해질 수 없는 너의 빛깔, 그 아무나 네 영혼의 향기를 알아차릴 수는 없을 거야. 지금은 어디에 있을까? 혹여 투박한 자갈 속에 묻혀서 사나운 돌멩이들에게 왕따를 당하지나 않을까? 혹 어린애들이 주워서 플라스틱으로 알고 돌 위에 올려놓고 깨트리는 장난을 한다면 아~ 얼마나 아플까. 내 손가락이 돌 위에서 뭉개지고 있는 것처럼 소름이 돋는다. 만일 자이언 캐년에 빠졌다면 밤에는 춥고 무섭고 외롭겠구나.

너는 떠나면서까지 내 인성의 무게와 두께를 살찌게 해주는구나. 내 영혼을 부요하게 해주고 생의 우연성 속에서도 아름다워야 할 진실의 핵심을 일러주는구나. 뭉클하면서도 까실한 것이 가슴에 무더기로 잡히지만 너와의 이별 때문에 나의 인성은 닦여지고 있다. 우리의 약속에는 언어가 없었지만 보다 굳건한 것이 있지. 우리 약속은 파기하는데도 사랑의 미학이 따르고 있음을 배운다. 너와 나의 헤어짐이라면 약속이 깨어진 듯한 느낌이 든다. 허나 우리 사이는 그런 단계가 아니야. 다만 쉽게 만나기 어려운 너만의 고귀함을 나만의 것으로 한다는 것은 과욕이라는 결론이다.

너는 나와의 약속을 버리고 떠나야 한다는 필연적 숙명으로 지어진 듯싶다.

그런 연유라면 나는 기꺼이 너를 보내야 해. 이제 네가 혹여 험한 곳으로 갔을지도 모른다는 기우는 버려야겠다. 너는 누구에게나 위함을 받을 수 있는 존재니까. 글씨도 소리도 아닌 우리의 안타깝고도 절절한 약속이 너무나 선명하게 여기저기 걸려 있다. 우리의 약속은 영원 이상의 차원에서 빛나고 있다. 우리는 헤어지지만 다시 자라나는 희대의 약속이 있다. 보랏빛 나의 진주여 안녕.

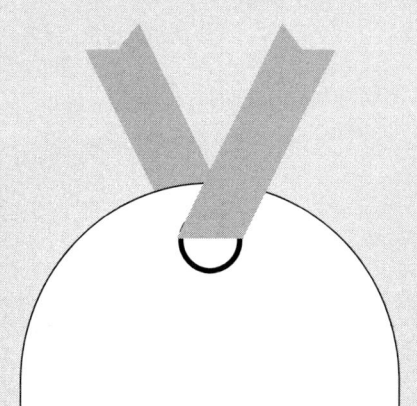

2부

그것은 옥구슬이었다

나는 때로 묵향을 맡고 싶을 때가 있다. 흙냄새 비슷하면서도 곧 시가 될 듯싶은 야릇한 이끌림을 주는 고상한 냄새를 나는 알고 있다. 그런 연유에서인지 벼루, 먹, 화선지 등에 대한 애착이 대단하다. 어린 시절 붓글씨 시간이 즐거웠던 일, 붓글씨 경연 대회에서 상을 받았던 일, 뭐 그런 조그만 일로 해서 몇십 년 전 고국을 떠나올 때 아버지께서 어려서 쓰셨다는 귀퉁이가 좀 깨진 벼루와 반이나 닳은 먹, 그리고 붓 몇 자루를 숨겨 왔었다. 아들이라고 특별 행세를 하려 드는 남동생들 모르게 가져온 것이다. 그 벼루 뒤에는 못으로나 긁어서 쓴 듯한 어린이 솜씨로 아버지의 존함이 한문으로 새겨져 있다.

아버지의 유품 같은 그 벼루를 가지고 왔다는 데 의미가 있을 뿐 붓글씨를 써야겠다는 내 의지와는 달리 단 한 번도 붓을 들어보지 못한 채 사느라 여념이 없었다. 시간은 쌓이는지 녹아 없어지는지 세월은 가기만 했다. 10여 년 전 은퇴를 한 후 서도를 가리킨다는 곳에 그 벼루를 들고 찾아갔더니 가르치는 선생님이 웃으셨다. 어린애처럼 매우 부끄러웠던 기억이 새롭다. 그곳에서 크고 번듯한 벼루와 먹 그리고 새 붓을 샀다. 서너 달 한문 글씨를 배우다가 어린 날 학교에서 썼던 한글이 그리웠고 겨울눈이 지천으로 쌓여 밤 운전도 어렵고 어쩌고 하는 이유로 그만두고 말았다. 어떤 연유인지 나는 서예 작품 앞에 서면 철문처럼 입을 무겁게 다물고 만다. 오직 마음속으로 많은 것을 애통해하듯 무언가 안타까워서 묵묵하다가 한번 입을 열면 태산이 헐린 것처럼 바글바글 말이 많아진다. 마치 나만의 세계를 헤매느라 쌓아두었던 성벽이 무너진 것처럼 말이다.

전시장에 들어서 족자들이 걸린 벽을 따라 살살 걸으며 작품들을 구경하다가 한군데서 우뚝 발을 멈추었다. 성경 구절을 써서 야멸치게 책으로 엮어놓은 작품 앞에서였다. 책장을 조심스럽게 넘겨보았다. 너무나도 또렷또렷하고 예쁜 정성이 넘치는 글씨였다. 글씨 하나하나가 옥구슬이었다. 글씨들을 하나씩 엮어서 목걸이를 만들고 싶다는 생각에 사로잡혔다. 서예의 경우 어느 작품인들 성의가 없을까마는 이 작품은 책이기 때문에 글씨의 수가 이루 말할 수 없이 많다. 글씨 하나하나에 쏟은 작가의 정성에 나는 감탄했다. 인내와 수고가 빚은 지고한 작품이었다. 어느 글씨 어느 한 획이라도 소홀히 할 수 없는 한량없는 집착과 수고와 노력, 그것은 한 생명을 구하기 위하여 수술에 골몰하는 외과 의사의 집중력과 버금간다고 할 만했다.

어느 소설가가 하도 작품이 쓰이지 않아서 큰 돌을 짊어지고 비탈길을 오르면서 땀을 뻘뻘 흘려가며 퍽퍽 울었다는 이야기가 생각났다. 예술을 한다는 것은 영혼이 울어야 하며 뼈가 부서지고 녹아야 한다. 그런 수련 속에서 하나의 작품이 탄생하고 한 인간의 인품이 굳어지고 철학이 탄생하며 예술인의 근본 바탕이 달구어질 것이다.

감탄에 감탄을 거듭하다 드디어 필자를 만났다. 그분이 써 놓은 글씨가 필자와 너무 닮아있어서 놀랐다. 완성작품과 제작자가 닮은 꼴임은 당연하리라. 어떤 예술품을 막론하고 그 작품을 낳은 어머니를 닮지 않을 수 없을 것이다. 야멸치면서도 알맞게 부드럽고 단정한 글씨의 생모를 만나는 기쁨은 참으로 반가운 일이었다. 더더구나 내가 한국일보에 매월 거르지 않고 수필 한 편씩을 십여 년간 올린 바 있었는데 빼지 않고 읽었다니 더욱 반가웠다. 독자를 만난 기쁨은 부자가 되는 순간이기도 하다.

대학에서 강의하시는 어느 시인은 돌아가실 때까지 대학의 시간 강사가 뭔지 모르셨던 무학의 아버지를 그리워하는 시를 접했다. 서울에서 공부하는 아들을 위하여 깻잎장아찌와 쌀을 짊어지고 오셔서 비좁은 방바닥에 엎드려 시를 쓰는 아들에게 "글씨 그만 쓰고 밥 먹거라/ 방해될까 봐 돌아앉지 못하고/ 내 등을 향한 듯한 그 사무치던 음성" 아버지를 그리는 시 구절이다. 글씨를 쓰는 것만이 공부인 듯 표현하셨다는 그 아버지의 말씀대로 이 옥구슬 같은 글씨를 만드는 것만이 진정한 공부인지도 모른다. 정신 통일이 되지 않았을 경우 붓글씨는 한 획도 쓸 수 없다. 그 시인의 아버지는 무학이시지만 진정 붓글씨를 쓰는 정신 통일의 경지만을 공부하는 것이라고 믿고 계시는 분이셨던 것 같다. 시인은 『생각날 때마다 울었다』라는 자신의 시집 속에 아버지에 대한 절절한 사랑을 그리고 있다. 한 장의 종이 위에 백자를 완벽하게 써 놓고도 백한 번째의 글씨 획에 실수가 있다면 원점으로 돌아가서 다시 100자를 써야 하는 결코 긴장을 놓을 수 없는 수련의 길에서 다듬은 정성을 만나보는 귀한 기회였다. 이제 나는 그 귀퉁이가 깨진 벼루를 아버지의 유물로 고향집 제사 방에 보존하도록 한국으로 보내야 할 것 같다.

갈팡질팡하던 순간

어머 왜 이러지? 한밤중보다 깜깜한 새벽이었다. 만반의 준비를 하고 컴퓨터를 켰다. 한 달에 한 번 있는 세미나다. 지난번엔 교수님 사정으로 한 달을 쉬었으니 두 달 만이다. 세미나 방을 찾아 들어가려고 부산하게 손가락을 놀렸다. 그런데 '이게 뭐야, 이상하다.' 다시 시도했다. 또 원점으로 돌아가서 다시 들어가 보았다. 그래도 아니었다. 여니 때 잘 뜨던 강의실은 어디로 간 것일까? 엉뚱한 화면이 계속 반복될 뿐, 시간은 점점 줄어들고 한국은 밤이라 원격지원을 청하면 붕붕붕 허탕이다. 스멀스멀 이 강의를 포기해야 한다는 신호가 가슴에 전해오고 있었다. 통곡하고 싶을 만큼 억울했다. 다섯 시 강의를 위해 세 시에 일어나 설친 것도 억울하고 누락자가 되어버린 패배감에 더하여 강의를 못 듣게 된 허탈감 때문에 분통이 터졌다. 야릇한 절망감까지 동원하여 나를 괴롭혔다. 갈팡질팡 나의 자제력은 마비되고 있었다.

얼마를 헤매다가 조용히 가슴을 쓸어내렸다. 이게 세상사인 것을. 어찌 만사가 항상 순조로울 것인가. 일상에서 때로 이런 일이 일어난 것은 오히려 당연 이상의 당연이다. 운 좋은 일이 겹칠 때 약간 두려웠던 기억을 되살려 보았다. 산다는 것은 이렇게 안타까울 수도 있기에 인생살이가 어렵다는 것 아닌가. 내 잘못이 아니어도 운 나쁘게 걸려든 경우가 있고 특별한 노력 없이 행운이 기적처럼 찾아왔다던 그 누구의 이야기가 귓가에 맴돈다.

이미 강의가 시작된 지 10분이 지나고 있었다. 드디어 내 속의 울분과 운 사나운 아침과 조용한 목소리로 흥정해야 했다. 시바의 여왕은 지혜를 사기 위해 솔로몬에게 황금을 바쳤다지 않는가. 현명해지자. 산다는 것은 시간을 역류하여 솟아오른 사건이라 들었다. 이미 구겨진 새벽은 태워버리고 다음에 해야 할 일을 붙들자. 세 시부터 준비된 이 하루를 더 이상 망치지 말자. 그 어처구니없었던 기분을 '너'라는 대명사로 불러보니 한결 마음이 평온해졌다. 울분을 대화의 상대로 격상시켰을 때 그것은 숨겨둔 친구처럼 친근한 대상으로 변신했다.

다음에 읽고자 했던 책을 뽑아 들었다. 컴퓨터에서 찾아야 할 것들을 샅샅이 뒤져냈다. 젊은 에너지를 찾자. 그 열기를 흙 속에 묻으면 풍성한 싹이 날 것만 같았다. 그 일에 골몰하느라 억울함은 슬그머니 사라져가고 있었고 어느새 통증은 잘 소화되어 나만의 오롯한 시간은 탐스러웠다. 참으로 조용히 카타르시스의 장이 펼쳐지고 있었다.

이 새벽 나의 공부는 기도 같은 것이었다. 밤마다 숙제처럼 머리에서 떠나지 않았던 문제들을 찾아서 기록하고 이 부분 저 부분들을 분석에 분석을 더해갔다. 그 시간은 선명했다. 어디에도 없을 것 같은 주소를 잃어버린 헐벗은 하루가 될 것 같았으나 알토란같은 원고 초본을 탄생시켰다. 나만 아는 내 바람의 정체가 무엇인지 알게 된 듯했다. 한쪽에서 하나를 잃고 절망하지 말자. 실망과 희망은 서로 등을 대고 있는 사이인 것 같다. 시간은 종종걸음으로 흘러 강의는 끝이 났을 것이고 나는 서재에서 뎅그러니 홀로 남은 새벽이었으나 거기에도 우람한 소산이 꽃피어졌다. 나는 첫 새벽 억울함으로 안타까웠고 손해를 본 듯하여 아팠지만 전부를 손해 본 것은 아니었다. 나를 나로 살게 하는 찰나이기도 했다.

지는 해가 빛을 거두어 갈 때까지 오늘을 맛깔스럽게 요리하자 했다. 인생에는 혹한의 시간과 달콤한 시간이 알맞게 버무려 있는 것이니 삶을 관통하는 필수의 것으로 가만히 맞이하자.
자신을 불태우고 그 재 속에서 다시 살아난다는 신화처럼 말이다. 새벽의 손실감이나 동동거리던 초조함 같은 것으로 갈팡질팡하던 불안은 말끔히 버려졌다. 하지만 바로 그 자리에서 몇 배로 큰 것을 얻어냈다. 산다는 것은 늙어가는 것이 아니라 천천히 익어가는 것이라는 말이 있다. 나는 오늘 새벽 21세기 문명의 기기 앞에서 그가 주는 알 수 없는 손해를 입고 순간 당황했지만 자기 치료의 가능성을 찾으면서 나를 재구성하는 건강한 시간을 찾을 수 있었다. 어떤 가혹한 하루가 앞에 선다 해도 이겨내야 하고 이 하루는 살 가치가 있는 것이다. 결코 소홀히 할 수 없는 하루인 것이다. 이 낙낙한 시간에 나는 여러 불협화음과 화해할 수가 있었다.

꿈에만 가는 미팅

나는 똑같은 꿈을 반복해서 꾸곤 한다. 같은 주제의 꿈을 수차례 꾸고 있으니 아마 앞으로도 이런 꿈이 이어질 것이 분명하다. 그 꿈은 옛날의 지인들이 '교육연구발표회'라는 이름 아래 궐기대회장만큼이나 많이 모이는 꿈이다. 모두 낯익은 얼굴이지만 이름도 모르고 하나같이 별로 친근한 사이는 아니다. 허나 모른 척하면 실례가 될 것 같아서 조심스럽게 눈인사해야 할 것 같은 관계에 있다. 내 삶의 틈바구니에 꼭 끼어있을 이유도 없고 이렇다 하게 특별한 인연이라는 엉킴도 전혀 없는데 말이다. 혹 알 수 없는 끌림에 뒤돌아보게 하는 사람들인가? 아니면 내 안에 존재하는 어떤 미련이 부화하지 못하고 있는 존재들인가? 혹 옛날을 회상하는 백일몽 같은 것일까?

그 미팅의 주제는 한결같이 교육에 관한 연구발표회이다. 어느 학교의 누가 한국교육 현황을 보고하고 누군가는 미래 교육에 대한 논문을 발표하고 누군가는 교육 역사에 관하여 대단한 연구로 한국 제일의 석학으로 이름을 떨치는 사람이 되었다고 한다. 또 누구는 학교 졸업 후 첫 부임지에서 수십 년간 속근을 하다가 그 고장의 뿌리가 되는 사람으로 교육에 헌신했다 하여 찬사와 존경을 한 몸에 받고 있다던가, 뭐 그런 뉴스들이 들끓고 있는 꿈이다.

이 꿈은 물론 내 젊은 날의 직업과 관련이 있다고 하겠다. 인간은 과거와 사는 것이니까. '나'라는 존재는 무엇으로 응결되었을까? 내 속에 살고 있는 알 수 없는 그 무엇에 대한 끈질긴 미련을 의미하는 것이 분명하다. 펴지 못한 의욕이 뭉쳐서 꿈으로 담아내고 있는 것이라면 일종의 트라우마가 아닐까. 그러나 분명 버거운 꿈은 아니다. 그렇다고 또한 어떤 긍정에너지가 될 만한 꿈도 아니다. 결국 내가 몰랐던 나를 발견하고 있는 것이다.

거기에 더욱 가관인 것은 그 집회가 끝날 무렵이면 모두 지겨운 학회가 끝나서 홀가분하다는 표정으로 바람처럼 자기들 갈 곳으로 떠나버리는데 나만 홀로 끝까지 남아 텅 빈 자리에서 두리번거리며 후년의 약속을 하지 않고 헤어진 게 섭섭해서 가슴앓이 비슷한 허허함으로 우두커니 서 있다. 이건 또 무슨 해괴함인가. 꿈속에서도 좀 견디기 힘든 상황이다. '다정도 병이런가'라는 글귀가 또 떠오른다.

고국을 떠난 지가 수십 년이다. 내가 떠나올 때와는 세기적 격세지감이 느껴지는 곳이다. 그런데도 그런 미련스러운 꿈을 꾼다는 것은 나의 후진성의 극치를 말해 주고 있는 게 아닌가 싶다. 거기에 교육 연구 상황을 꿈으로까지 옮겨온다는 것은 용해되지 못한 앙금이 분출하는 불협화음일 수도 있을 것이다. 불협화음에는 어떤 불안이 공존한다. 불안은 삶의 완성을 위해 필수적이라 한다. 인간은 불안하여서 절망할 수도 있고 도약할 수도 있다 했다. 그게 만일 어떤 소망의 잔해라면 그것은 정상적인 생존 반응이다. 그것이 바로 인간의 고뇌이며 삶의 편린일 것이다. 그렇다면 단연 정상적이고 있을 법한 꿈으로 간주해도 무방할 것 같다. 어떤 각도에서의 나를 조명하고 확인하는 일면이라고 말이다.

눈 오는 밤이면 잠 못 이루고 봄꽃이 피어나면 머지않아 낙화가 될 것을 미리 아파하는 철없는 나를 본다. 하찮은 일에 마음조이는 일은 그만하자. 모든 것에서 해탈하듯 성숙해보자. 소중한 중심을 못 찾고 어리석은 경지를 휘적휘적 걷는 모습은 아름답지 않다. 생긴 대로 태연하게 살면서 이루지 못한 꿈은 직사각형 관 속에 들어갈 때 보물인 양 안고 들어가는 것도 나쁘지 않을 것 같다.

여기는 미국 시카고라는 대도시, 디아스포라의 영역, 내 생의 반을 훨씬 넘게 살아버린 땅, 낯섦과 익숙함이 정직하게 스며 있는 땅,

그러면서도 익숙해져 버린 곳이다. 내가 만일 지금 본향으로 돌아간다면 현재의 내가 고향을 그리워하는 몇 배의 강도로 그리워할 땅이다. 즉 고향 이상으로 그리울 것 같은 땅, 편안한 곳, 낯익어 버린 땅, 새로운 인연들이 함께 사는 또 다른 고향이다. 오늘은 유난스레 이 땅이 정든 내 고향 땅인 듯싶다.

때로 역행은 아름답다

나는 알고 있다. 시카고의 봄은 반드시 4월 초순 즈음하여 눈이 오거나 심한 바람이 불거나 한바탕 자연의 랑데뷰가 있어야 봄다운 봄이 온다는 것 말이다. 오늘은 4월14일. 번듯한 4월의 중순이다. 일찍 오려다 길이 막혔을까? 여느 해보다 일주일쯤 늦었다. 때아닌 눈이다. 뚝뚝 자유스럽게 손으로 떼어 날려 보낸 무명 털 같다. 부드럽고 정겨운 솜털 같은 봄눈을 하염없이 지켜본다. 봄이 겨울로 역행하는 것일까?

때로 역행은 직행보다 묘미가 있다. 모든 것을 포기하고 분노하며 떠났다가 역행하여 돌아와 다시 만난 사랑은 더욱 뜨겁다. 방랑만이 자기의 길이라 여겼던 선비가 본향의 그리움에 돌아오는 경우, 전진만이 승리라 지시한 장군의 명에 따라 진군하다 역행하는 지혜로 승리한 전쟁, 때로 역행은 아름다울 수 있다.

어린 소녀의 젖꼭지처럼 조심스럽게 싹이 트던 진달래 꼬투리도 눈웃을 입는다. 찬 눈에 놀라서 눈을 끔벅거리다가 다시 피어나리라. 하늘을 올려다본다. 마음속 활시위를 당겨 깨끗한 은회색 하늘의 중심부를 향하여 쏜다면, 그 은회색 장막이 찢어지면서 그 속에 있는 별들의 종알거림을 들을 수 있을 것 같다. 어제 영결식을 올린 지인은 그 별 무리 속에 합류하셨을까. 기존의 별 밭을 지키고 있는 먼저 간 영혼들이 환영해 주었겠지. 수십 년을 함께한 가족을 보내는 슬픔의 무게는 이 삶에서 사랑하던 무게와 같을 것이다.

노염 같은 집착일까? 솜털 같다가, 흰 나비 같다가, 먼지 같다가, 실비 같기도 하고 하얀 눈이 다양한 모양으로 춤을 춘다. 색은 오직 한 가지 희고 흰 색이다. 뚜벅뚜벅 그냥 떠나가기가 아쉬웠나 보다. 지금 저 눈 속에 봄은 더욱 단호하게 영글고 있을 것이다. 아무도 모르게 피었다가 기척도 없이 사라지는 꽃송이, 바로 그 모습이다. 역설의 모순, 기억들이 걸어 나와 길 떠나려다 뒤돌아보는 순간이겠지.

매운바람 아래서 고요해지는 일, 바로 아름다운 봄눈이다. 백 번 떠났다 천 번 다시 온다는 밀물처럼 한 번 더 만나보고 떠나자는 봄눈의 속마음을 읽는다. 보내는 고통을 이겨내는 계절의 끝자락, 구석구석 이미 봄이 찾아든 자리에 겨울같이 차디찬 눈이 다시 찾아와서 봄눈 같지 않게 정색하고 푸짐하게 잔치를 벌인다.

눈에 대한 정이 증폭되어 돌아오는 극진함, 봄눈과 호흡을 함께하는 느낌이 큰 선물을 받은 것 같다. 나는 오늘 봄이 오는 길을 혼자 안고 겨울 같은 봄을 한없이 즐겼다. 봄바람은 부드럽다는데 눈 위의 바람은 결코 부드럽지 않았다. 그러나 계절이 주는 어떤 색다른 자유로움을 누리는 맛은 일품이었다. 봄을 향하여 가는 듯하더니 반전하여 꾸며준 하얀 눈세계의 의미를 그대는 아는가?

내 등에 업힌 봄눈은 참으로 순진했다. 이야기꾼이었고 매력이었으며 친근했으며 친절하기까지 했다. 켜켜이 덮어주는 웃음 같은 계절의 봄을 뒤집어쓰고 여섯 살짜리같이 즐거웠다. 늙을 줄 모르는 봄을 맞이하는 길목에서 만난 눈, 겨울로 역행하는 듯하지만 자연은 인간보다 현명하다. 더 온전한 봄을 위하여 베푼 마지막 눈의 축제이거니 곱게 유유히 녹아주소서. 사랑스러운 시카고의 봄눈에 당부해 본다.

문명의 통증

　우리 서로 적당히 열어주고 채워가며 살자. 조그만 손해는 감수하면서 사는 품이 있어야 하지 않을까. 인류가 잘살기 위하여 문명의 발달은 인간의 구원한 소망이었지 않았던가? 그러나 인간성 매몰을 초래하는 문명이라면 의미도 없고 가치도 없는 것이 아닐까.
　숨차게 뛰어와서 쌕쌕거리며 전화를 받았을 때 "congretulations you have been celected to receive a diamond ring" 어떻게 가만히 앉아서 아무런 노력 없이 다이아몬드 반지를 받을 수 있단 말인가. 공짜로 다이아몬드 반지를 준다면 덜컥 춤을 추고 흥분할 것을 기대하나? 얼빠진 사기꾼의 목소리가 울려오면 짜증이 머리끝까지 오른다. 우리는 그런 사기극에 넘어갈 만큼 우둔하지도 비도덕적이지도 않다. 그런 치졸한 수작은 증오스럽고 소름 끼친다. 그런 이유로 걸려 오는 전화를 전혀 받지 않는 사람들이 허다하다. 이런 소수의 사건 때문에 우리의 소중한 사람들과의 통화가 단절되어야 한다면 그것은 또 얼마나 큰 아픔이며 손실인가.

사람 간의 온기를 앗아가는 문명은 우리를 슬프게 한다. 안톤슈낙을 슬프게 한 것들은 그나마 낭만이 있고 여유가 있고 멋이 있다. 그러나 지금 내가 슬퍼하는 조건은 건조하고 절박하다. 문명의 이기가 삶의 질을 높여 준다는데 이 경우는 인간성 말살을 초래하고 있다. 삶의 방향이 모호해진다. 문명의 이기가 인간의 순수성을 더럽히고 인간애를 매장시킨다. 뭐가 어찌 되던 나만은 손해 보지 않아야 하므로 누구인가 나를 간절히 찾더라도 그쪽 일이지 나의 일이 아니므로 묵살해버리는 현실은 황당하면서도 잔인하기까지 하다

최후의 절망은 본인에게 득이 되는 전화라 할지라도 그런 이득 없어도 잘살고 있는데 귀찮다는 심산으로 전화가 울어도 받지 않는다고들 한다. 이렇게 삭막해질 줄 모르고 우리는 문명의 극치를 꿈꾸었던가? 유익을 따지기 이전에 너와 나 사이의 다사로운 유대를 이어가는 다리가 될 만한 요소들이 시체가 되어가고 있다는 사실이 나를 슬프게 한다. 자신을 위해서만 존재하는 삶, 타인을 배려할 줄 모르는 냉혹성은 우리를 슬프게 한다. 이 시대를 어떻게 살아야 할 것인가 우리는 방향을 잃고 있지는 않은지. 타인을 돌봄이 구세대의 유물쯤으로 간주하고 사는 현대인을 질타하는 소리가 들리는 것 같다. 삶의 본질은 무엇인가, 함께 어우르며 살아야 한다는 삶의 이유

를 알기 위한 노력이 있어야 할 것 같다. 어떻게 이 시대를 살아야 하는지 시대적 부조리가 가져오는 병폐를 치료하는 방법은 없는지. 현대 과학기술은 과연 우리 삶의 질을 높여 주고 있는지? 라는 문제를 고민하는 연구가 절실하다는 생각으로 가만히 눈을 감아본다.

예쁜 감격

여행 출발 전날은 할 일이 많다. 짐을 꾸리느라 그리고 집 안을 깨끗이 정돈하고 떠나야만 한다는 나의 괴벽성 때문에 청소하느라 진을 뺀다. 여행 중 혹여 무슨 일이라도 생긴다면 어수선한 집 안 꼴로 정돈되지 않은 나를 보이는 수치를 염려하기 때문이기도 하고 다른 하나는 여행에서 돌아와 문을 열었을 때 정돈된 내 집에 대한 짜릿한 만족감을 느끼고 싶기 때문이기도 하다. 그래서 나는 반드시 집을 깨끗이 정돈해놓고 여행을 떠난다. 혹여 음식이 상하여 버릴세라 새로운 음식 거리를 사지 않았으니 지금 막 먹을 것이 없다. 냄비나 프라이팬까지 깨끗이 씻어서 정리해둔 터라 다시 어지럽히고 싶지도 않다. 새벽부터 온 집 안을 들쑤시고 나대다 보니 배가 고프다. 복숭아 하나는 남았고, 커피도 있고 우유도 좀, 그리고 라면도 있다. 정리를 완전히 끝내기까지 좀 참자고 시장기를 달래고 있는 중 전화가 찌르릉 울었다. 지인의 목소리다. "뒷문을 열어보세요."가 답이다. 작은 플라스틱 봉지가 나뭇가지에 걸려 있었다.

뭘까? 조심스럽게 펴보았다. 얄밉게도 알뜰하게 준비된 예쁜 음식 상자였다. 둥그런 씨를 빼버린 아보카도 반쪽이 곱게 여며져 금방 입에 넣고 싶다. 싱그러운 연초록으로 맨 위에 얹히어 있는 파랗고 여릿한 양상추 서너 닢이 겹쳐 둥그런 사발처럼 오므라진 공간에 곱게 채 썬 짙은 노을 색 당근 한 자밤이 색스럽다. 양상추 잎을 가만히 들춰 보니 밑에는 막 찐 계란 두 개가 껍질을 벗고 말간 얼굴로 빠끔히 눈을 뜨고 똘똘하게 웃고 있으며 그 위에 넓고 도톰한 샌드위치 비프 두 장이 의젓하게 누워 있다. 달콤한 보라색 오니온의 향이 푸짐하다. 그 사이에 새빨간 빛으로 윤이 자르르한 토마토가 칼질 되어 숨어 있다. 거기에 별도로 내가 그토록 좋아하는 크롸쌍까지 탄성이 터질 뻔했다.

차고 넘치게 완벽한 브런치다. 이 양식풍의 도시락에 국적을 달리한 싱싱한 대형 풋고추 대여섯 개가 곁들여 있다. 혹 밥이 남았으면 된장에 즐기라는 뜻이겠지. 음식 박스는 나에게 수만 가지의 언어로 속삭이고 있었다. 아니 언어이기 이전에 부드러운 체감온도로 따뜻하게 나를 감싸주었다. 사랑의 밀어 같은 의미를 부여하고 있었다. 이렇게 앙증스러운 아이디어를 가지고 사는 여인의 그 알뜰한 성의를 두 손으로 감싸들고 감당하기 어려운 감격으로 행복했다. 배고픔은 어디론지 사라지고 산다는 것이 이토록 의미가 있다는 사실에 온 몸을 관통하는 전율을 경험했다. 감격을 잠재우느라 한참을 망설이고 나서 심호흡을 하고 보라색 오니온 조각 하나를 일부러 아삭아삭 소리 내어 씹어 삼켰다. 웃어가면서 시큰거리는 코를 한참 달래고 보니 고마운 웃음에 시달린 눈언저리가 촉촉했다.

   산다는 것은 축복인 것 같았고 그 훈훈함 때문에 유쾌해졌다. 이렇게 온기 어린 정성이 내 곁에 있어 멀고 먼 남의 땅에서도 우리끼리 인정을 나누며 살고 있다는 감사함에 배도 부르고 마음도 불렀다. 새로운 삶을 영접하는 듯한 싸~한 기분을 혼자 삼키려니 뭔가를 빠트린 것이 있는 것 같았다. 드디어 나는 컴퓨터를 열고 내 마음을 그려보기로 했다. 우리는 뼛속 깊이 느끼는 것을 그냥 삼키는 경우가 허다하다. 누군가에게 쏟아놓으면 수다스러운 것 같고 구구스러워 그 진정성이 희석될 것 같다. 경우에 따라서는 말하면 할수록 전혀 다른 방향으로 전달되는 일도 있다. 그렇다고 그대로 있기에는 머릿속이 너무 가득하다. 어디엔가 퍼버리면 시원할 것 같은 사연을 컴퓨터는 받아준다. 내가 말하고자 하는 내용이 제대로 표현되지 못한다면 비슷하게라도 말이다. 따뜻한 인정을 영접하고 삶의 행로를 묵상케 하는 사연을 쓰고 싶을 때 컴퓨터는 좋은 친구가 된다. 한 사람의 작은 친절이 한 인간의 전 생애를 바꾸어 놓을 수 있다는 말을 또 외워본다.

어떤 죽음

찌르릉 전화가 울렸다. 전혀 모르는 여자 목소리였다. 죄송합니다. 전 모르는 분인데요. 그러실 겁니다. 이번에 출간하신 수필집을 읽고 꼭 뵙고 싶어서요. 어머, 그렇게 이럭저럭 몇 마디를 주고받다가 그가 꼭 식사 한 끼를 함께하자 하여 결국 우리는 어느 식당에서 만나기로 약속을 했다.

키가 훌쩍 크고 운동가인 듯 쭉 뻗은 몸매였다. 얼굴이 하얗고 약간 크다고 할 만한 눈에 긴 머리가 좀 야하게 굽실거렸다. 아주 젊은 편은 아니었으나 거침없이 활달하고 경상도 억양이 섞여 있는 구수한 말투였다. 서슴없이 자기 이야기를 펼쳐놓았다. 우선 독서가라는 사실이 크게 부각되어 왔다. 한국에서 은행에 근무하던 중 영어회화를 배우려고 미국인을 사귀다 국제결혼을 하게 되었고 미국에 와서 아들 하나를 낳은 후 이혼을 했다고. 웨이트리스로 일을 하면서 혼자 아들을 길렀단다. 나를 만났던 당시에는 세탁소를 규모 있게 운영하는 듯했다. 우선 나는 그의 독서열이 무척 마음에 들었다. 그리고 허심탄회하게 자기 고백 같은 이야기를 냉소적으로 얼굴을 싱긋거리며 편안하게 쏟아 놓는 점도 고마웠다. 격의 없이 나를 대해주는 그의 대화에 한없는 친밀감을 느끼며 금방 거리감이 줄어들었다.

  그 식당의 명물 메뉴인 갈비를 푸짐하게 주문했다. 나는 그때 갈비가 맛이 있었다기보다 그분의 성의에 보답하는 의미로 내 적량을 능가하게 많이 먹었다. 어쩐지 많이 먹어주는 것이 덕인 것처럼 생각되기도 했고 대접해준 쪽에 대한 예의일 것 같기도 해서 말이다. 다음번엔 우리 집에서 오붓한 식사로 더 가까워지는 시간을 가졌다. 식사 후 망설임 없이 자연스럽게 또 자기 이야기를 꺼냈다. 자기는 나이를 많이 먹은 할아버지 한 분과 아주 젊은 청년 한 사람, 두 사람의 백인 남자 친구를 가지고 있다고 했다. 각기 만나는 날짜와 시간이 다르고 장소가 달라서 그들 두 사람은 자기 이외의 사람을 사귀고 있다는 사실을 전혀 모른단다. 이야기의 소재거리나 즐기는 음식이나 흥밋거리가 달라서 아주 다른 분위기를 느낄 수 있단다. 따라서 배워지는 점도 다르다고 유쾌하고 담백하게 털어놓았다. 당시에 노인 하고는 12년, 청년 하고는 7년을 사귀는 중이라 했다. 그 사귐은 자기완성의 무한한 가능성을 꿈꾸면서 또는 두 사람 사이에서 자기만 느끼는 어떤 빛깔의 삶을 음미하고 외로움을 달래며 살고 있는 경우라고 간주했다.

그 후에도 신문에 실린 내 글에 관한 통화를 더러 하곤 했다. 아들이 명문대를 나와서 전문직을 가지고 있으며 며느리는 미국 토박이 백인 의사라 했다. 동부에 살고 있는 아들은 일 년에 한 번 정도 혼자 엄마를 찾아온다는 것이다. 며느리가 애 갖기를 싫어해서 손자·손녀가 없다고 했다. 그 사실이 무척 나를 쓸쓸하게 했다. 내가 관여할 바가 못 되는 영역인데 왜 내가 그토록 섭섭해야 했는지 지금도 알 수가 없다. 그 후로 나의 신간 수필집을 보내주고 전화로 독후감을 나눈 일이 있었다. 그러고는 더 이상 만나지 못했다. 언제였던가, 팔이 부러졌다는 소식을 풍문에 듣고 찾아가 봐야겠다고 작심했었으나 그만 생각에 그치고 말았다. 그의 집을 모르고 있었으니 특별한 이벤트를 만들지 않는 한 찾아 나서기가 쉽지 않았다. 한마디로 나의 성의 부족이 원인이었다는 자책감이 오래 부채감으로 남아 있었다.

그리고 오늘 밤 울리는 전화는 간을 떨리게 하는 비보였다. 그는 빈방에서 혼자 먼 길을 떠났다고. 영혼은 열흘 전쯤에 이미 하늘을 향했고 부패해가는 시신만이 빈방을 지키고 있었다니. 며칠간 통화가 되지 않고 문이 열리지 않아서 경찰이 들어가서 현장을 보게 되었다는 것이다. 심장마비로 생이 마감된 것으로 밝혀졌다고 전해 주었다. 고독과 진실을 뒤집어쓴 뒷모습만 보여주고 우리 곁을 떠난 사람, 길을 나서던 그 순간, 외로운 자기 발견을 하면서 심장이 멈추어가는 소리를 혼자 들었을 것이다. 외로이 걷다 부서지고 거부할 수 없는 운명의 목소리를 홀로 들으면서 죽음의 장엄함을 깨우쳤을까. 인간은 사회적 동물이라는데 혼자 생의 마지막을 보냈다는 사실은 가슴을 칠만큼 기막힌 슬픔이다. 삶과 노동과 죽음과 그 엄청난 것들을 엄청나지 않은 것으로 말할 수 있는 그였다.

　어머니의 비보는 폴리스가 아들에게 전했고 교회 측에서 장례식을 주선하려 하였으나 교회 문 앞에도 가본 일 없는 사람으로서 어머니의 장례식을 교회 측에 의뢰할 수는 없다고 극구 사양하여 아들 혼자 화장했다는 사실까지만 알려졌다. 그는 장례식도 없이 누구의 송별사도 듣지 않고 철저하게 혼자 떠났다. 어머니 주위의 어떤 사람과도 친교가 없었던 아들은 가루가 된 어머니를 어디에 묻었는지 어느 강가에 날렸는지 혹은 자기 처소로 안고 갔는지 전해지지 않았다. 후문도 없다. 죽음으로 끝을 맺는 게 인간이라지만 그는 영원히 우리가 모르는 어느 곳에서 천년의 침묵으로 자고 싶었을까? 늘 책 읽는 얘기를 하던 사람, 자신을 앞에 세워 놓고 요모조모로 훑어보던 사람, 이유 없이 가까이 가고 싶었던 사람, 그는 세상사를 넓은 아량으로 감싸고 살면서 때로는 한없이 고통스럽고 때로는 허전했고 때로는 이유 없이 웃기도 했을 것 같다. 가슴 밑바닥에 얼음물처럼 고인 시린 슬픔이 내 영혼 곁에는 누가 있는지를 가늠해 보게 한다. 팔이 부러졌을 때 꼭 찾아갔어야 했는데. 가슴이 자꾸 찌릿찌릿 저린다. 분분히 날리는 가루일지라도 그 어느 곳에서라도 그 영혼이여 행복하시라.

고국 나들이

　3년간을 벼른 셈이다. 코로나 소동 이전에 한국행 항공권을 구입해 놓고 팬데믹을 견디었으니 말이다. 더 이상 기다리다가는 항공권 무효라는 경우를 당할까 염려스럽기까지 하던 차라 막무가내로 나서기로 했다.
　고향이란 그런 것일까, 한국을 생각하면 나는 늘 가슴이 달콤하게 들떠오곤 한다. 드디어 도착한 인천 국제공항의 표정은 지난번 2019년도와는 판이하였다. 새롭게 건축된 부분들이 싱싱 우람해서 우선 외모로 세계 최고의 반열에 있다고 치하하고 싶었다. 정겨운 쪽이라기보다 자랑스러움이 앞에 섰다. 나름으로 유럽 등을 두루 섭렵한 바 있지만 굳이 한국이 세계 최고의 나라라고 호들갑을 떨고 싶은 것은 피는 물보다 진하다는 인정의 원리가 뿌리 깊이 박혀 있기 때문이리라는 생각이 든다.
　한국의 모든 것들이 통째로 세계의 앞장을 서고 있는 것 같아서 어깨가 으쓱해졌다. 진보의 혁명이었다. 생생한 감각의 강렬함에 좀 압도당하기도 했다. 한국인 모두가 눈을 부릅뜨고 있는 것이었다. 외모로 보아 여러 조건이 미국과 별다름이 없었다. 내가 다시 미국으로 돌아가 버린 것인가 하고 어리둥절하기까지 했다. 스타벅스 커피샵은 여기저기 많기도 하거니와 그 규모가 대단했다. 무언가 미국과는 달라야 하는데 이건 너무나 똑같다. 미국 이상의 미국이었다. 미국에 있는 스넥샵이나 커피샵, 베이커리 등이 지천으로 널려 있으니 낯섦이 전혀 없었다.

어느 곳이나 다이나믹한 한국인 개개인의 노력이 돋보였다. 어느 식당이나 카페에 들어가도 감지되는 것은 각자가 하는 일의 몫을 확실히 알고 최선을 다하고 있다는 것이었다. 오늘날 우리가 짊어져야 할 현대성을 간파하고 실천하는 장인 정신이 투철하게 부각되고 있었다. 개인 능력이 극대화되는 현상이 치열하게 노출되어 있어서 바람직하다고 입에 침이 마르도록 칭찬을 아끼지 않았다.

어느 시골의 공중화장실이었다. 문이 고장 나서 들어갈 수가 없었다. 문에 "10월 29일까지 수선하겠습니다."라는 글이 붙어 있었다. 자기 책임에 대한 정확한 계획까지 피력하는 성실함에 또 한 번 놀랐다. 인간개조까지 완성한 것인가? 가슴이 울컥했다. 이 땅에 사는 인간들까지 진품으로 개조되었나? 즐거운 비명을 지를 뻔했다. 그리고 길거리로 나와서 고개를 들어 길 양편에 요란하게 늘어선 간판들을 훑어보았다. "어머, 여기는 한국인데" 놀라웠다. 한결 같이 영어 간판 일색이었다. 이건 아닌데, 칭찬 상승선을 타고 파란 하늘에 훨훨 날아오르던 감탄의 연이 갑자기 땅으로 곤두박질을 쳤다. 여기는 분명 한국인데 웬일이냐는 생각 때문에 가슴 한쪽이 조각나고 있는 것 같이 찌릿하게 쑤셨다. 맥도날드에 들렀다. '오더하는 곳' '피컵하는 곳' 옹색스럽게 영어 발음이 한글로 적혀 있었다. 좋은 우리말을 어디 두었느냐고, 무척 비위가 거슬렸다. 지나친 것은 모자람만 못하다는데. 적어도 있는 내 것은 지키고 모자란 것, 없는 것을 받아들여야지 안타까웠다. 극찬하고 싶었던 마음이 스르르 사라지기 시작했다.

해남발 부산 직행버스가 있는지 미리 살펴야 다음 여행 계획을 짤수가 있었다. 송정리에 내려서 소박한 차림의 세 쌍둥이 같은 젊은 안내원들에게 물었다. 분명히 버스는 운영되고 있는데 정해진 좌석 수가 차면 더 이상 방법이 없으니까 빨리 승차권을 사야 한단다. 전화로 예매도 불가하고 오직 사람이 가야만 가능하다는 것이다. 송정리에서 해남까지는 몇 시간이 걸리는 거리다. 왜 예매가 안 되는 것일까? 피로감이 밀물처럼 달려들었다. 지나치게 까다롭다는 생각이 들면서 내 기분은 뒤틀리기 시작했다. 젊은 여자분들 셋은 나더러 어서 가서 표를 사야 한다고 친절을 다하여 재촉하였다. 세 젊은 안내원들은 영어 일어 중국어를 다 구사한단다. 감탄스러웠다. 내 기분은 개었다 흐렸다를 반복하며 고국의 현주소를 관찰하느라 분주했다. 송정리에서 해남까지는 서너 시간이 걸리는데 표를 사기 위해

줄창 달려서 매표소로 직행했다. 도와주는 사람이 없었다. 묵중한 기계가 손님을 기다리고 있을 뿐 사적 질문이 불가했다. 미국에서 쓰고 있는 크레디트카드 중 어떤 것은 통하지 않았다. 하는 수 없이 친척분의 카드를 이용하고 현금을 드렸다. 역시 기계는 온기 없이 냉정한 일꾼이었을 뿐이다. 열네 시간이나 하늘을 날아서 고향을 찾아온 손들에게 한마디 인사도 없었다. 오느라 힘들었겠다고 무얼 도와 드렸으면 좋겠냐고 친절하게 물어 주었으면 하는 바람이 간절했다. 테이블 여덟 개를 놓고 장사하는 작은 김밥집에서도 구두 주문은 불가했다. 기계 주문을 하느라 버벅거리는 미국 손님이 딱했던지 주인이 직접 나서서 도와주었다. 속수무책으로 엉뚱한 기계의 냉대에 나는 웃음을 잃어버렸다. 발전도상의 현상일 거라는 생각과 더불어 고도한 테크놀로지의 발달이 오히려 불편하고 원망스러워졌다. 첨단적 생활상이 그렇게 멋진 것만은 결코 아니며 좀 정 떨어졌다함이 옳은 표현일 거였다. 구수하게 익은 고구마에서 모락거리는 다스한 김이 대책 없이 식어가며 맛을 잃어가는 순간처럼 안타깝던 기분을 설명할 길이 없다.

  한국인들은 변화되어가는 신세계에 부지런히 적응해가면서 세계 최고의 나라를 지어 가고 있었다. 허나 그렇게 환호하고 동경해야 할 일만은 아니라는 생각이 강하게 내 목덜미를 잡고 늘어졌다. 이렇게 기계에게 모든 일자리를 내어주고 나면 사람의 일자리는 어디에 있는 것일까? 편리한 기기는 영원히 우리의 인간적 친구는 될 수 없다는 생각이 나를 쓸쓸하게 했다.
　정지용의 '고향'이라는 시가 금방 튀어나왔다. 고향에 고향에 돌아와도 그리던 고향은 아니려뇨. 하늘을 떠도는 하얀 가을 구름에게 내가 그리던 고향은 어디에 있느냐고 물었다. 부산행 버스표를 뜨르륵 하는 소리와 함께 던져주고 나서 직사각형 입체의 묵중한 기계는 자기 일이 끝났다는 듯 다시 묵묵히 서 있었다. 그 방을 나오는데 인사할 상대가 없어서 미국에서 간 나그네의 가슴은 몹시 허전했고 서운했고 조금은 섭섭했다.

붕어빵

"붕어빵 사 먹으러 가자" 8만 리 태평양을 넘어서 나타난 미국 손님이 붕어빵을 찾는다니 모두 입술에 삐죽삐죽 장난기가 발동한다. 한국에 와서 겨우 그런 것이 잡수고 싶어요? 그래 오늘은 꼭 그걸 먹어야겠는데. 나의 어린 날을 찾으러 가자는데 너희들이 내 속을 어떻게 알아. 실은 나도 나름으로 장난스러운 웃음을 머금고 있었다. 서울 강남구에 살고 있는 동생 집에 머물러 있을 때 그 근방을 훑어보다가 포기해버린 귀하고 귀한 붕어빵 말이다. 거기에는 없었지만 '여수'에는 있을 것만 같았다. 올케가 옛날에는 있었는데 근년에는 못 보았어요. 요새 학생들은 먹거리도 동서 짬뽕으로 먹어요. 동과 서가 으르렁거리며 살아도 입맛은 교환하고 사나 봐요. 그리고 보면 음식이 기막힌 매개물이며 전권 대사라니까요. 따는 맞는 말이다.

일단 왁자지껄한 시장 귀퉁이, 할머니들이 나물이나 젓갈을 파는 저잣거리 같은 허름한 곳, 코흘리개들이 공놀이하는 곳, 모두 허탕이었다. "누나 마음 접으시고 여수 명물 수제비나 먹으러 갑시다."
대여섯 명의 가족들이 웃으며 합의를 보았다.

바로 그 순간 혼자 사라졌던 막냇동생이 저쪽 시장 귀퉁이에서 여기 있어요. 찾았어요. 쾌재를 부른다. 우르르 몰려갔다. 옛날 모양 그대로 큼직한 붕어빵이 구워지고 있었다. 꼭 옛날 크기에 그 모양이다. 구수한 냄새도 그대로다. 아직도 살아 있었구나. 늙지도 않았네. 따뜻하게 구워진 붕어빵이 아니라 푸른 물속에서 헤엄치고 있는 생명 있는 붕어를 만난 듯했다. 나의 붕어빵은 어느새 은빛 비늘 번득이는 붕어로 변신하고 있었다. 너는 내 말을 들을 수 있을 거야. 그리웠어. 먹어야 할 붕어빵과 물속에서 헤엄치는 두 종류의 붕어가 클로즈업되면서 나는 웃음바다에 빠진 격이 되고 있었다. 입으로 들어가야 할 붕어빵을 들고 건주가를 부르듯이 속으로 세설이 길었다. 얼마 만인가, 누나 어서 잡수어 보세요. 와~ 모양도 그대로네. 흥분해서 머뭇거리다가 무작정 머리를 한입 가득 물어뜯었다. 아삭하고 쫄깃한 식감이 느껴진다. 익기는 익었는데 입에서 붕어가 작살나자마자 밀가루 풋대죽 같은 냄새가 와르르 쏟아져 나왔다. 그땐 앙꼬가 맛이 있었는데. 그 옛날 다디달고 끈끈하던 앙꼬는 어디 갔나. 미지근한 앙꼬의 감미가 낯설었다. 좀 더 화끈하게 감미가 있어야지. 달지 않은 앙꼬는 제맛이 아니란 말이야. 금방 속에서 투정이 새어 나왔다. 미국에서 머리가 아플 정도로 다디달고 솜털같이 부드러우면서도 촉촉한 케이크를 몇십 년을 먹고살았으니 내 입맛이 문제일 것이다. 시무룩해진 나를 보고 옛 맛이 지금도 그대로 있겠어요? 그건 순 기억일 뿐이에요. 추억 타령하다가 실망만 할 테니까 맛집이나 찾아갑시다. 동생들의 재촉이었다. 그 자리에 함께한 딸과 아들이 좀 엉뚱한 표정으로 뚜렷뚜렷하며 따라왔다.

어느 날 이젠 성인이 되어버린 아들이 그로서리에 동참했다. "엄마 여기 붕어빵 있어요. 갑자기 아들 목소리가 커졌다. 10년도 훨씬 넘은 한국 여행 때의 붕어빵 사건을 기억하고 있었다. 응? 붕어빵? 오~ 정말. 큰 글씨가 야무지게 쓰인 두툼한 비닐봉지에 냉동되어 있었다. 무조건 사고 보자. 집에 와서 봉지를 뗬다. 작은 붕어 새끼들이 우르르 쏟아져 나왔다. 암 그렇고말고 이쯤 세월이 흘렀는데 새끼가 나와야지. 옛날 큰 붕어빵의 새끼들이로군. 우선 귀여워서 벌어진 입이 함박이었다. 뜨거워서 후후 불면서 붕어머리를 한입 베어 물었을 때의 바삭하던 고소함, 볼록한 창자에 흠뻑 든 검자줏빛 달고도 끈끈한 앙꼬, 아껴서 먹어도 금방 없어지던 큰 붕어빵, 마지막 꼬리를 씹으면서 느껴야 했던 아쉬움, 간질간질한 온갖 추억거리가 되살아났다. 그러나 그렇게 흥분했던 기대가 슬그머니 꼬리를 내렸다. 붕어빵 맛을 전혀 알 리 없는 아들은 엄마의 실망스러운 얼굴을 보고 언짢다는 표정으로 내 등을 슬슬 어루만져 주었다.

그날의 내 붕어빵은 아닐지라도 그 후손이니까 그냥 관대하게 보아주기로 했다. 새끼 붕어빵들은 어리광을 부리고 있었다. 냉동된 붕어 새끼가 마이크로 오븐에 잠깐 들었다 나오면 뜨끈해지기는 하나 신 가죽같이 질겨진다. 바삭하고 쫄깃한 맛이 없다. 붕어 지느러미 부분의 가실 가실 하고 고소하던 그 맛을 어디에서 찾을까? 욕심 부리지 말자. 귀여운 새끼 붕어빵 탄생만을 축하하자. 새끼 붕어빵이 나에게 웃음을 선사한다. 붕어빵도 새끼를 낳았으니 경사이고 말고. 나의 유년은 지금 냉장고 속에서 빳빳하게 얼어 있다. 생각나면 언제나 냉장고에 잠자고 있는 붕어 새끼를 꺼내서 구워 먹을 수 있다. 비린내 없는 새끼 붕어빵이 생겼다고 그날의 친구들을 부르고 싶다. 맛이야 옛 맛이 아니더라도 추억을 구워 먹을 때마다 나는 한 살씩 젊어질 것만 같다. 한없이 마구 젊어지다가 어느 날 철없는 유치원생이 될까 걱정이다. 어느 할머니가 젊어지는 생수를 너무 마셔서 간난이 되어버렸다는 동화가 생각나서 실실 웃음이 난다. 때로 우리가 사는 데는 전진만이 아니라 아름다운 후퇴도 필요한 것 같다.

기억을 나누어 가진 사람

어디에 숨어 있다가 휙~ 날아온 화살일까. 첫새벽 눈을 막 뜨면 세차게 날아와 머리를 콱 찌르는 것이 있다. 그것은 무형의 것이지만 온종일 나를 강력하게 진두지휘한다. 어떻게 이럴 수가 있을까? 밤마다 함께라고 생각하는데 눈을 떠보면 그 자리엔 빈 베개가 있을 뿐이다. 그의 부재가 이렇게 길어도 되는 것일까? 우리는 밤새 많은 대화를 나누었지만 사실은 허상과의 속삭임이었다. 여행 중에도 민첩한 연락병처럼 전화를 자주 해주던 사람, 나는 악몽을 꾸는 것일까? 머리를 강하게 흔들며 부정해 본다. 정신을 차려라. 그는 옆에 더 이상 없다는 사실을 시인하고 인정해야 한다.

그의 활기찬 모습과 나에게 베풀었던 자상함이 가슴에 불씨로 되살아나고 있다. 눈보라 치던 어느 겨울밤 바람 냄새를 풍기며 들어선 그의 넓은 어깨를 덮은 윗옷은 눈비에 촉촉이 젖어 있었다. 그는 들어서면서 재빠르게 윗옷 단추를 풀더니 "식지 않게 품에 넣어왔어" 폭신하고 따뜻한 팥시루떡을 가슴에서 꺼내주던 사람, 여행 중엔 첫새벽 호텔 식당이 열리기도 전에 근처의 커피숍에서 신선한 커피를 사 들고 가녀린 휘파람과 함께 살짝 들어서던 사람, 커피 향이 잠을 깨워주던 여행 중 호텔 새벽의 색다른 뉘앙스등 수많은 기억들이 해암에 붙어 있는 굴 껍데기처럼 마음 벽에 눌어붙어서 떼어낼 수가 없다.

그가 떠난 지 삼 년이 됐다는 사실이 믿어지지 않는다. 한 두어 주일 전쯤이라고만 느껴진다. 그가 쓰던 비누 조각, 로션, 향수, 내복을 비롯한 무엇 하나도 버리지 못한 나를 과단성 있는 사람의 눈으로 본다면 충분히 웃음거리일 수 있다. 아마 지진아쯤으로 느껴질 것이다. 언젠가는 버려야 할 것이지만 아플 것이 두려워서 의사 앞에서 미리 울고 있는 아이처럼 나는 버리고 나서 더 아플까 봐 버리지 못하고 있다.

다 잊은 듯이 태연한 일상을 살면서도 그가 다시 오지 못한다는 사실이 왜 시인되지 않는지 알 수가 없다. 어느 날 기적처럼 찾아오리라는 기대를 버리지 못하는 것은 자연의 순리를 부인하는 억지이다. 우주 질서에 대항하려는 철부지가 하는 몸부림임을 어찌 내가 모를까? 죽음은 자연의 일부라는 사실을 믿어야 한다. 차를 타고 달리면 출발점이 뒤로 물러나며 점점 멀어진다. 멀어지면 잊힐 것이다. 잊힌다면 편할 수 있을까? 그러나 나는 그를 잊고 편해지고 싶지 않다. 우리 서로 잊히지 않는 사이로 그리움에 시달리며 영원하고 싶다. 잊지 못함이 형벌일지라도 잊고 싶지 않다. 멍에처럼 매달고 죽지 않을 만큼만 슬프고 싶다. 우리가 좋은 인연으로 만나 부부로 살았다면 만날 수 없다고 하여 헤어졌다 할 수만은 없을 것 같다. 보내야 할 때 보내는 것도, 가야 할 때 가는 것만큼이나 아름다운 것이라 한다. 보내고 태연할 수 있는 것이 원숙함이라 한다. 그러나 나는 그렇게 달관하지 못하고 성숙하지도 못한 채 보잘것없는 미물로 참을 수 있을 만큼만 아파하며 살고 싶다. 홀로 있을 때일수록 나는 오롯이 그와 함께한다.

지워도 지워도 짙어만 가는 환상을 본다. 매일 밥을 먹고 잠을 자며 밖에 나갈 때는 치장을 한다. 가증스럽다고 해도 그것은 생활이다. 인간은 끈질기게 집착하며 애태우고 사는 운명을 타고난 동물일는지도 모른다. 나는 외골수 미련 때문에 상실의 충격에서 벗어나지 못하고 허공을 긁어가며 두리번거리는 곰탱이다. 그렇게 지어진 대로 나는 답답한 사람으로 살고 싶다.

그와 이 세상에서 마지막 헤어진 자리, 한번 찍혀서 지워지지 않는 족적처럼 그가 누운 자리에 파란 잔디가 천연덕스럽게 덮여있다. 항상 내 곁에 있다고 장담하면서도 어느 순간에는 억지인 것 같아서 자신이 없다. 함께 차를 탔다고 믿으면서도 그가 누운 들녘을 찾아

가고 있다는 사실은 결국 그가 내 옆에 없다는 사실을 긍정하는 것이다. 모순 속에 있는 나를 본다. 그의 영혼이 하늘을 향하면서 남기고 간 껍질이 자리한 땅이나마 가보고 싶어서 간 것이다. 그 들녘은 그의 허물이나마 가까이하는 유일한 곳이기에 나에게는 소중하다. 이토록 허허하게 헤어지기 위하여 만남을 소중히 여기며 사는 인간사. 이건 분명한 불가사의다.

 내 생애에 있으리라 예상 못 했던 현실, 그가 스르르 눈을 감고 이생을 마무리하던 순간은 세상이 빙글빙글 돌다 깜깜해졌달까, 아니, 큰 바위에 머리를 심하게 부딪쳐서 정신을 잃은 상태랄까, 때로 혹독하게 신열에 시달려도 하룻밤 앓고 나면 일어설 수 있었고, 비실비실 어지럽다가도 한 두어 번 눈을 감았다 뜨면 다시 걸을 수가 있었다. 그러나 이 병은 삼 년을 건재하게 걸어 다니면서도 마음의 신열은 사라질 줄을 모른다. 그가 5년 동안 병마에 시달리고 있었어도 어느 날 병의 흔적도 없이 소생하리라고 굳게 믿었었다.

 그의 옷장을 열면 그동안 묵혀둔 묵직한 침묵이 깨지면서 온갖 추억들이 줄지어 몰려나온다. 아무리 세탁한 옷이라도 오래 걸어둔 옷이니 툽툽한 냄새가 날 법한데 전혀 느낄 수가 없다. 그의 옷 하나하나를 만져 본다. 그의 채취가 배인 옷들이 살아서 움직인다. 어디선가 그가 금방 튀어나올 것만 같고 등 뒤에 그의 따끈한 시선이 느껴진다. 검정 정장에 하얀 줄무늬 타이를 매고 등장하기도 하고 어느 결혼식장에, 교회에, 골프장에 또는 눈 속에 빗속에 거침없이 자유를 누렸을 옷들이 주인을 잃은 채 맥없이 걸려 있다. 그를 상징하는 생생한 사연들이 얼키설키 색동으로 걸려 있다.

어느 맑은 가을날 별로 통화 왕래가 없는 분으로부터 전화가 왔다. "오늘 남자분들이 모여서 골프를 치고 저녁은 부인네들까지 합석했는데 보라색 셔츠에 하얀 바지 차림의 그 댁 아빠 생각이 나서 가슴이 울컥했어요."라고 했다. 남에게 그렇게 인상 깊은 기억을 만들어주던 옷들이 말없이 무너져 내리고 있다. 어느 강을 건너서 다시 만날 수 있을까? 그래도 옷장에 걸린 옷들이 그를 가까이 느낄 수 있는 유일한 요소들이었는데 이제는 그것마저 보내야 한다. 나는 이제 그를 오직 가슴에만 간직할 뿐 그와 관련된 물건을 멀리 보내려 보퉁이를 싸야 한다. 그가 내 옆에 없다는 엄청난 사실은 어떤 말로도 표현 불가능하다는 사실에 절망한다. 철 따라 몇 벌이면 족할 것을, 왜 이렇게 많이 쟁여놓고 살았을까? 옷가지수가 많은 것이 더욱 나를 외롭게 만든다. 훌훌 털어버리지 못함이 몸에 붙은 비늘 같다. 아니, 지난날 그와의 얘기가 적힌 일기장 같기도 하고 우리의 이력서 같기도 하다. 옷 하나하나에 묻은 사연들이 꽃잎처럼 웃기도 하고 낙엽처럼 울기도 한다.

다른 사람들은 장례식을 마친 지 사흘 만에 티끌 하나 없이 정리했다 한다. 존경할 만한 결단력이다. 그러나 나는 그들을 닮고 싶다는 생각은 추호도 없다. 버릴 때는 과감하고 무자비하게 버리라는데 나는 오래 감싸 안고 끝내 말끔히 버리지를 못했다. 결국 큰 이벤트가 새겨진 옷들은 그대로 두기로 했다. 그는 평소에 내가 자기 옷을 입는 것을 무척 좋아했다. 스산한 바람이 부는 날은 그의 옷을 허수아비처럼 풍성하게 걸쳐 입고 어느 호젓한 들길을 걸어보려 한다.

그는 "나는 죽어도 여한이 없다"라는 말을 자주 했다. 사는 동안 행복했고 5년간의 투병생활에 아들과 사위 덕에 받은 병원의 특혜며, 가족들의 지극한 정성이며 어느 제왕인들 나같이 긴 투병 중 이런 아낌을 받을 수 있을까. 더하여 21세기의 최신 의술 혜택까지, 과분한 생애였다. 자기가 떠난 후 울지 말라 당부하며 모든 것을 감사했다. 병마에 시달리면서도 자기의 삶을 그토록 진지하게 감사해하는 그가 더욱 돋보였다. 죽음 앞에서 인생이 허무하다는 생각을 안 했을 리 만무하지만 그는 여한이 없다는 말만을 되풀이했다. "살 때 그 전부를 살고 죽을 때 그 전부를 죽어라."라는 이치를 이미 터득했을까?

그를 잃고 나서 깊이를 알 수 없는 심연을 더듬거리며 이 글을 쓴다. 보이는 상처에서 감추어진 아픔까지 하찮은 일까지도 간절하다. 그가 남기고 간 "여한이 없다"라는 말에 나는 한없는 위안을 받는다. 그에게 받은 최고의 선물이다. 그가 6피트 땅 밑으로 묻히던 순간은 소낙비처럼 함박눈이 쏟아지고 있었다. 해독할 수 없는 운명이 그려지고 있는 하늘이었다. 바람 한 점 없는 회색 공간에 솜덩이 같은 눈송이들이 불꽃같은 정열로 퍼부어졌다. 나는 그때 그의 영혼과 교감하는 듯한 함박눈의 함성을 들었다. 그 어마어마한 눈송이들은 온통 내 것이었다. 마지막 순간까지도 내가 좋아하는 정경을 지어 선물하고 싶었으리라 믿어본다. 지금도 그의 옷장을 열면 우르르 눈송이가 몰려나오고 내 가슴엔 사철 눈이 내린다.

수필의 기본도 모르는 자의 글처럼 길고 긴 글이 되어버렸다. 그를 보낸 지 3년이 되었을 때 써 놓은 이 글은 상처를 후빈 것 같아서 팽개쳐 두었다가 십수 년이 넘은 이제야 꺼내놓는다. 지금도 나는 그가 쓰던 비누를 비롯하여 많은 용품들을 그대로 간직하고 있다. 아주 많이 버렸지만 미련 때문에 미련스럽게 버리지 못한 것들이 수두룩하다. 그가 쓰던 향수는 향이 날아가서 물이 되어 버렸지만 그의 향은 아직도 진하기만 하다. 나는 십여 년 전의 일들을 어제의 일인 양 되씹으며 그와 끊임없는 대화를 나누며 살고 있다.

3부

새로운 하늘

연말이 꼬리를 감추고 연호가 바꾸었다. 복 많이 받으라는 관습적 인사를 주고받는 며칠도 지났다. 어둠이 가만히 몰려들어서는 초저녁인데 초인종이 울렸다. 연말에 선물을 사주려고 두 번이나 백화점엘 들렸고 다른 상점도 섭렵했지만 적당한 것을 찾지 못하여 내심 빚을 지고 있는 바로 그 친구다. 무조건 반갑다. 그런데 뜻밖에도 친구는 설 떡국 거리를 사 들고 들어섰다. 떡국 재료를 본 즉시 따뜻한 떡국 한 그릇을 먹은 것처럼 금방 배가 불러온 듯했다. 선물도 아주 기발하고 그럴듯하다는 생각까지 들었다. 어느 날 떡국을 맛있게 끓여서 혼자 쩝쩝 먹어야겠다고 하면서 껄껄 웃었다.

새로운 하늘을 맞이하는 날 아침에 먹는 우리의 전통 음식인 떡국은 아리랑이라는 우리의 민요만큼이나 특이하고 우리의 고국을 절실하게 느끼게 한다. 온갖 추억을 몰고 오는 떡국에 얽힌 추억을 알

알이 되새기게 하는 음식, 속을 따뜻이 데워주면서도 가난에 찌든 음식이 아니고 고급스러운 음식이라는 점에서 격이 있고 여유를 보이는 음식이기도 하다.

 이 낯선 땅에서 살면서도 우리는 쉽게 떡국을 끓여 먹을 수 있다는 행운을 누릴 수 있음이 얼마나 다행한가. 입에서 쫄깃하게 떡이 씹혀지는 식감에 담백하고 뿌연 국물이 주는 감칠맛은 나를 감동시킨다. 일상의 맵고 짜고 새빨간 음식들은 그 붉은 색이 너무 직접적이고 도전적이며 맛이 좀 과격할 때가 있다. 그러나 빛깔의 은은함과 담백한 떡국 국물 맛은 그 순도가 온화해서 더욱 양반스럽다. 한국 여인네들의 질긴 끈기와 정성이 멋스럽게 녹아 있다. 마치 상앗빛 비단이 발하는 차원 높은 윤기와 비교할 수 있을 것 같다.

 사람과 사람 사이에 맺어지는 인연은 정겨운 밥상을 마주하고 앉을 때와 같은 것일지도 모른다. 비지니스맨들은 어떤 흥정이 빡빡하게 안 돌아가다가도 함께 한 끼 식사를 즐겁게 하고 나면 매끄럽고 거뜬하게 확 풀린다고 한다. 참새가 방앗간을 그냥 지나치지 못한 것처럼 늘 들려주기를 기다리는 친구들이 찾아오면 맥없던 얼굴에 금방 생기가 피어난다.
 포도주 한 병을 텄다. 크리스탈 잔에서 빛나는 붉은 포도주 한잔이 우리들의 뺨을 볼그레하게 상기시켰다. 마치 술꾼인 양 너스레를 떨면서 웃음을 섞어 마셨다. 우리들의 영혼은 고국으로 귀순하고 있었다. 밤바람 소리에 으깨지는 시간은 타국살이에 지친 지난날들을 웃음으로 감싸듯 초년의 미국 생활에 빚어졌던 웃지 못할 에피소드로 꽃을 피웠다.

고향 같은 타향, 시카고가 왜 이리도 좋은지. 나물 먹고 물 마시고 팔베개로 잠이 들면 최고의 삶이라 했다. 축복의 터널은 이런 것이 아닐까. 마른 겨울 들판에 꽃이 피듯 포도주 한잔에 혼이 녹아 헛소리 같은 진담을 나누게 하는 나의 벗님네들, 우리들의 수다는 정으로 엉켜있다. 현대인의 메마른 정서를 맑은 샘물에 적시듯 속내를 털어내며 새해를 맞는다. 어린 날 설빔을 입듯 나는 이런 우정을 망토 삼아 몸을 감싼다. 이만하면 최고의 행운을 입은 삶이지 뭘 더 바라랴. 인간의 마을에 뜨는 새로운 해를 보자고 다짐해본다.

세월이 달라져 무슨 글을 어떻게 쓰던 문학의 언어는 존재한다. 서투른 서사적 글로 나의 철학이 논리적으로 드러날 수 없다손 치더라도 나는 마음이건 가슴이건 머리건 느껴지는 것을 쓰면 후련하다. 구겨진 마음을 펴듯, 젖은 마음을 말리듯, 수억의 적막을 깨듯, 넋두리를 폈다. 신음 같은 것 비명 같은 것은 멀리 날려 보내자 하니 사랑이 뜀박질해 오는 소리가 들린다. 행운 가득한 날을 이미 저질러 놓았다. 나의 새날은 참으로 따뜻한 시작이었다.

설상가상

눈 위에 서리가 내렸으니 추위의 극치다. 흔히 악재가 겹치고 있을 때 고달픈 세상사에 비유하여 '설상가상'이라는 사자성어가 쓰이고 있다. 시카고는 눈이 많이 내리고 바람이 심해서 눈이 쉬 녹지 않는 도시다. 그러다 보니 눈 위에 서리가 나린 경우가 허다하다. 그날도 밤의 추위를 말하는 듯 채 다 녹지 않은 눈 위에 서리가 허옇게 나린 이른 새벽이었다. 이층 침실에서 그윽한 시선으로 여명이 사라져가는 밖을 바라보는 중이었다. 유릿가루처럼 반짝거리는 서리는 눈 위에서 위세를 떨치고 있었다. 그야말로 설상가상의 아침이었다.

그런데 어머! 우리 메일박스 앞에 어떤 사람 그림자가 어른거리고 있었다. 이 어스름한 꼭두새벽에 누구일까? 가슴이 후들거렸다. 자세히 살펴보니 여자다. 어떤 사람일까? 얼른 옷을 꿰입고 아래층으로 내려가서 메일박스 쪽으로 뛰어갔다. 놀랍게도 남편 대학 선배님 부인이시다. "형님, 추운데 거기서 뭐 하세요?" 그분은 도둑질하다 들킨 사람처럼 어리둥절하여 나를 돌아보았다.

지난여름부터 메일박스 문의 한쪽 나사가 빠져서 균형을 잃고 볼썽사납게 문짝이 서커스를 하는 듯 매달려 덜렁거리고 있었다. 나사가 들어갈 구멍이 녹이 슬어 새 나사를 박으면 막무가내로 부서져 내렸다. 수선공을 찾았으나 워낙 작은 일이라 와 주질 않았다. 그럭저럭 몇 달에 걸쳐서 홀대받는 메일박스 문짝은 나를 조롱하고 있는 듯했다. 그걸 수선 못 함이 숙제처럼 머리에 남아서 아린 손가락처럼 갈신거렸다. 추워지기 전에 고쳐야 한다는 강박관념에 더하여 집을 잘 건사하지 못하고 있는 무능과 무성의가 탄로 나고 있다는 자괴감에 시달리기까지 했다. 바람에 멱살 잡힌 채 문 떨어진 메일박스에 들어오는 배달물에까지 미안하여 견딜 수가 없었다. 메일 멘에게 창피스러움은 한 수 더하였다.

그런데, 이 어스름 새벽, 칼날 같은 추위 속에 메일박스 문을 고쳐 주겠다고 오시다니. 벤치를 들고 있는 형님의 손은 물에서 갓 나온 꽃게 발처럼 꽃분홍으로 벌겋게 얼어서 엉성하게 굳어져 있었다. 그 손을 와락 잡고 주물러 주지도 못하고 나는 목이 메었다. 경험 전무한 가정주부 형님인들 못질을 잘할 리 만무하다. 고칠 능력을 갖춘건 절대 아니라는 사실을 나는 잘 알고 있다. 오죽이나 보기 딱했으면 오셨을까? 가버린 남편의 능력이 연장통 속에 숨어 있다가 우리 메일박스를 고쳐 주시는 기적이라도 일어나리라 믿고 오셨을까. 남편의 연장통을 들고 오셨다. 우리 두 사람의 남편들은 선후배 간에 하늘 나라에서도 자주 오가며 살고 있겠지. 내 속에서는 만 가지 소멸의 역사가 추억을 소환하고 있었다. 쓰린 듯 훈훈한 듯 울음이 터질 듯 표현되지 않은 멍울이 내 목을 옭아매었다. 인간의 가장 아름다운 어떤 일면을 보고 있는 것 같았다. 눈물 한 방울 없이 목이 찢어지는 마른 울음을 참느라 꿀떡꿀떡 침을 삼켰다.

만일 오늘 새벽에 형님이 내 눈에 띄지 않았더라면 메일박스 수선 여부를 막론하고 나에게 아무 말도 안 했을 것이다. 우리 메일박스 문의 우스꽝스러운 매달림에 연민을 느꼈을까? 어서 수선하라는 충고도 없었음은 무안해할 나에 대한 배려였을 것이다. 그 좋은 계절에 수선하지 못한 꼴이 얼마나 딱했으면 손수 나섰을까? 형님은 기적을 베푸는 우렁이각시 노릇을 하고 싶었을까. 꽁꽁 뭉쳐진 찐득찐득한 진실이라는 정체를 발견하고 있었다. 진실은 부피인가. 무게인가, 빛깔인가, 향기인가, 숨어서 사는 것인가, 노출되는 것인가, 형님은 그 소중한 마음자리를 나에게 주고 싶었던 모양이다. 포근하고 안락한 인간의 한 자리를 느끼게 해준 형님, 가늠할 수 없는 행운 덩어리가 나를 포근히 감싸주고 있는 것 같았다.

숨어있는 공간에 잘 익은 과일같이 고운 보살핌이 어찌 내 것일 수 있는지 과분할 뿐이다. 형님의 가슴에 빛나고 있는 별을 헤아려 보았다. 내가 그 별을 훔쳐보고 있는지도 모르는 형님, 나는 메일박스 수선 여부를 따지지 않는다. 그 마음만으로도 천만번 감사하고 행복하다. 메일박스는 이미 내 마음 안에서 고쳐져 있다. 안으로 들어가 뜨끈한 커피라도 한잔 마시자고 끌어도 우선 박스 문이 고쳐진 걸 다행으로 여기고 그냥 그대로 부르릉 차를 몰고 떠나버렸다. 조금 후라도 곧 만날 수 있지만 영원히 떠나고 있는 것처럼 서운했다. 내장된 울림 때문에 흥분이 감격으로 복받치는 것일까? 가만히 서서 내가 만난 진실한 사랑이라는 정체를 만져보았다. 혼자만 끌어안고 싶기도 하고 자랑하고 싶기도 한 사연이다. 내 귀에는 너는 남을 위하여 그런 정성을 베푼 일이 있느냐고 정곡을 찌르는 소리가 들려오고 있었다.

그러나 형님이 그런 정성으로 고쳐 주고 간 메일박스는 다음날로 다시 나사가 빠져버리고 말았다. 세월과 함께 양철이 녹이 슬어 엷어져버린 그 자리는 큼직한 새 나사를 견디지 못하고 금방 부스러졌다. 드디어 나는 새로운 아이디어를 고안해냈다. 가는 철사로 두 구멍을 꿰서 여러 번 철사를 왕복시켜서 단단히 묶었다. 멀쩡하게 문이 제자리에 부쳐졌고 편안하게 닫히었다. 못 구멍을 철사로 묶어 문은 내가 고쳤지만 그것까지도 형님이 고쳐 준 것으로 나는 간주

한다. 나만 아는 비밀이다. 수선스럽지 않은 정성, 숨은 꽃처럼 곱게 간직한 진심을 지닌 명품 인간에게 감사의 뜻을 헤아릴라치면 다시금 가슴이 모닥불처럼 따끈따끈해진다.

십 년

　십 년이 이렇게 짧은 것이던가. 손가락으로 열을 세는 일도 한참인데. 십 년이면 강산도 변한다고들 하지만 나의 강산은 그대로인 것 같다. 나에게 있어 그가 떠났다는 사실은 땅만 보고 열심히 걷다가 앞을 막는 바위에 심하게 충돌하여 정신을 잃어버린 순간이었다고 말한다면 맞는 표현일까, 돌연사나 급사나 사고사도 아니고 5년간이나 투병을 하고 간 경우이니 딱히 맞는 표현은 아닌 것 같다고 누군가 옆에서 반기를 들고 나올지도 모른다. 허나 난 그런 상태로 언제든 치유되리라 굳게 믿었고 극단의 경우를 가상해본 적이 없다.

　여느 사람들은 상대가 가자마자 더 잘해 주지 못해 미안함을 후회하고 애통해하는 착한 아내들을 여럿 만났다. 그러나 나는 미안하다든가를 말할 객관적 거리가 전혀 잡히지 않았다. 크게 부딪쳐 멍해져 버린 머리가 정상위치로 복귀하지 못하고 그저 가슴 자리에 큰 구멍이 뚫려 있을 뿐이었기에 그에 합당한 언어를 찾지 못한 채 십 년 세월을 살았다. 그를 보낸 후 같은 집, 같은 침대에서 그대로. 때때로 모호하다는 생각에 숨이 꽉 막힐 것 같은 순간들을 겪으면서 살고 있다. 내가 운전할 때는 노변에 서서 나의 운전을 지켜보고 있는 그의 환상을 수없이 보았다. 환상치고는 너무 황당하지만. 그런 사이에 10년이 갔다니 더더욱 믿을 수가 없다. 그러니까 이젠 그의 실체는 없다는 사실을 확인하면서도 한편으로는 온전히 함께인 듯한 착각 속에 있으니 나는 답답한 사람임에 틀림이 없다.

잊기 힘들면 못 잊은 그대로 아름답지 않은가. 누구인가 옆에서 그가 간 지가 10년이라는 사실을 일깨워 준다면 나는 부인하고 싶어질 것이다. 더 솔직하게 말하자면 냉정한 표정으로 이유 없는 싸움을 하고 싶을 것 같다. 오래전에 보냈지만 지금도 까맣게 잊어버린 사이는 아니라고 웅변하고 싶을 것 같다. 사람과 사람 사이는 헤어진 지가 오래면 서로의 거리가 멀어진다는 일상적 진리가 있다. 그러나 적어도 그와 나 사이는 그 매정한 인간사의 허술한 관계가 아니라고 우기고 싶은 것이다. 어찌 되었든 그는 십 년 전에 갔지만 내 기억으로는 6개월 전쯤에 간 듯싶다. 이건 현실을 부인하는 어리석음이며 착각치고는 대형 착오다. 그러나 그것이 바로 내 마음의 현주소다.

인간이 태어나 성장하여 열심히 살다 가는 자연사 앞에서 억지를 부리고 있는 자신이 참 가소롭다, 충분히 웃음거리일 수도 있다. 다못 살고 억울하게 간 청춘도 아니었다. 애들도 공부를 다 마치고 전문직을 가진 후였으니 할 일은 다한 후였고 리타이어를 한 후이기도 하다. 그런데 왜 그가 가버렸다는 사실을 부인하고 싶은 것일까. 가야 할 길을 순조롭게 가는 필연성을 왜 인정하고 싶지 않은 것일까. 정직하게 말하자면 헤어진 지가 얼마 되지 않았다고 느끼고 싶은 것이다. 그를 아주 먼 옛날의 고인으로 만들고 싶지 않은 것이다. 비록 그는 가버렸으나 그의 내음이나 그림자가 아직 진하게 살아있다는 것을 강조하고 싶어서라면 어딘지 모순이 느껴진다.

그가 쓰던 비누 로션 향수 등은 아직도 그 자리에 그대로 놓여있다. 비누는 딱딱하게 굳어 금이 새겨지며 부서져 가고 있고 향수는 물이 되어 그 병에 그대로 있다. 향수 주인이 아직도 생존하고 있다고 믿고 싶은 것인지 아니면 그 여운을 누리고 싶은 것인지 분간할 수가 없다. 산뜻하게 버리고 잊어야지 구질구질하다고 힐난하는 소리도 들린다. 어떤 이는 배우자를 보낸 지 사흘 만에 그에 관한 것을 티끌 하나 없이 깨끗이 정리했다고 들었다. 그럴 수 있는 사람들을 존경하고 싶어진다. 그러나 나는 그러기를 원하지 않는다.

오늘 새벽에는 침대에 누운 채 10년 전 그가 간 꼭 그 시간에 시계를 뚫어져라 바라보고 있었다. 상당히 태연했고 여유 있는 자세로 10년간 변해버린 나를 의식했다. 그 캄캄하고 어둡던 밤중 같은 새벽, 무너지는 듯 황당하던 그 순간이 되살아났다. 나는 이 새벽 깨어 있었고 말끔한 눈으로 10년 전을 더듬고 있으니. 세월이 약이라는 흔한 진리를 긍정한다. 나의 세월은 허허함을 견디는 힘이 더 강해졌을 뿐 그를 향한 집착은 그대로다.

  대화에 골몰해 있거나 어떤 일에 매달릴 때를 제외하고는 나는 지금도 언제나 그와 함께 있다. 그가 내 앞에 없다는 사실을 인정하면서 내적으로는 더 강하게 결집되어간다. 그가 6피트 땅 밑으로 묻히던 순간의 폭설은 사철 내 가슴에 그 모양 그대로 나리고 있다. 그와의 인연이 강하게 묶여있다는 사실을 나는 믿고 싶다. 이제야 나는 그와의 우스웠던 일들을 흉보면서 웃을 수도 있다. 어떤 점에서는 미안하다는 생각이 들기도 한다. 이제 겨우 객관적 거리에서 그의 부재를 분석하고 인정하게 된 듯싶다. 그러면서도 때때로 그가 내 곁에 없음에 깜짝깜짝 놀라는 일은 여전하다. 꼭 그만한 양의 아픔이 내 삶의 원동력이 되고 있었던 모양이다. 어떻든 그가 그렇게라도 나와 함께이니 다행이다. 그가 갔다는 사실을 이렇게 담담하게 쓸 수 있게 해준 세월에 감사한다.

사람 이야기

장거리를 달리는 여행이었다. 버스를 10시간 가까이 타자면 무엇보다 자리가 좀 편해야 한다. 나만이 좋은 자리를 가질 수는 없다. 오직 최선의 노력으로 지나치게 뛰는 아주 끝자리는 피해야 할 것 같았다. 새벽 3시부터 일어나서 준비하고 깜깜한 새벽의 집합 장소에 도달해보니 제 일착이었다. 30분쯤 지난 후 버스가 도착했다. 모두 차 앞으로 우르르 몰려 탑승하는 통에 일착이던 나는 꼴찌가 돼버렸다. 뒷자리로 밀려가면서 그나마도 혼자 앉은 사람에게 구차스럽게 양해를 구해야 했다. 제일의 선착 자가 맨 꼴찌가 되어야 하는 꼴이었다. 이런 상황은 처음과 끝에 이상한 함수관계가 있는 것은 아닐까 하는 회의에 빠지기까지 했다. 특별하게 마음먹은 일이 꼬이기 잘하는 세상사를 설명할 해법은 있는 것일까? 어느새 나는 생경한 사고영역을 헤매고 있었다.

정중한 예의로 양해를 얻어 한 의자의 짝이 된 사람은 공교롭게도 여행사 측에서 룸메이트로 짝지어 놓은 사이였으니 천생연분으로 한자리에 앉게 된 셈이었다. 아주 예쁘고 젊고 대단한 멋쟁이였다. 르누아르의 그림에 나오는 소녀의 황갈색 곱슬 머리처럼 한 자밤의 머리를 한편으로 빼서 애교스럽게 잡아매기까지 아주 재치 있고 썩 어울리는 차림이었다. 한국의 젊은 층 최신 센스가 번득이는 스타일, 바로 그것이었다. 몸에 찰싹 붙는 무늬 있는 갈색 쫄바지에 군화 비슷한 부스, 위에 걸친 밤색 더스터는 가을 색 여인으로 세련미를 더해 주었다.

여행은 만사를 제쳐놓고 떠나는 길이라 가슴이 넉넉해지는 순간이다. 그래서 전혀 모르는 사람과도 그럭저럭한 이야기를 나누며 가까워지는 게 상례. 그러나 그녀는 옆 사람과 말 섞기를 극도로 꺼리고 정체를 밝히기를 거부하고 있는 듯하여 조심스러웠다. 쉬는 시간에는 거의 보이지 않다가 느지막하게 승차하곤 했다. 혼자 사색하기를 좋아한다는 말을 강조하곤 했기에 방해가 될세라 주의했다. 방에서도 셀 폰만 들여다보고 있으니 방 안은 침묵의 공간이었다. 두 사람이 있는 방에 침묵은 이유 없는 스트레스를 유발해주기도 한다. 그런 순간은 숨이 막힐 듯 좀 불편했지만 그녀의 매너는 깍듯했다.

그녀가 모자와 옷을 벗고 화장을 지우고 난 얼굴과 우연히 마주쳤다. 깜짝 놀랐다. 밖에서 본 그 젊은이가 아니었다. 앞에 수북한 흰머리를 커버하기 위하여 노랑 갈색 염색을 했음에 틀림이 없었다. 대단한 화장술이 작용하고 있음에 감탄스러웠다. 2박 3일을 함께하면서도 상대에 관하여 전혀 모르는 관계를 유지할 수 있는 그녀의 처세에 밀려 나도 자신을 밝힐 필요가 없었다. 자기 노출을 싫어하는 성격일 수도 있겠고 옆 사람과 무관하게 지나는 생활 습관을 지닌 사람일 수도 있다. 그런 처세가 현대인의 생리일는지는 모르겠지만 내 견해로서는 뭔가 비위에 거슬렸다. 그러나 나로서는 도리가 없었다.

나는 여행 중에 새로운 사람을 만나서 서로 자기 지역에 관한 이야기를 나누고 낯선 상대의 생활철학을 듣고 감격하기도 하고 반성하기도 하는 일이 재미있다. 때로는 어느 단편소설이 생각나고 누구의 시가 입가에 맴돌고 모처럼의 시간이 아까울 정도로 수다 떨기를 기대한다. 내 이야기를 하는 것보다 남의 이야기를 듣는 게 더 흥미롭다. 어린 날의 이야기, 음식 이야기, 연애 이야기 등등. 그런데 이 차디찬 벽은 무엇이란 말인가. 그에 비하여 내 생각은 진부한 것 같았고 관념성이 농후하다는 결론을 짓고 보니 여행 중에 얻고자 꿈꾸던 기대가 와르르 무너지는 소리만 남았다.

현대는 인간상호 간 이런 간격을 감당할 수 있는 사람만이 이 시대의 승리자가 되는 것일까. "아날로그 시대를 살고 있는 나의 후진성은 설 자리가 어디인가?" 하고 외로운 늪을 헤매는데 퍼뜩 화향 백리, 주향 천리, 인향 만리라는 말이 떠올랐다. 나는 잠깐 만났다 헤어져도 향기를 남기는 사람이고 싶다. 따뜻하고 좋은 인연이었다는 미련을 남기는 사람이고 싶다. 색과 향이 있는 사람이고 싶다. 아무튼 그녀는 내가 전에 어디서도 만나보지 못했던 생소한 스타일로 살고 있는 현대인이기에 나에게 좋은 글감을 주었으니 고맙다. 여행 동숙자로 만났으나 이름도 성도 모른 채 헤어진 사람과 오버랩되어 떠가는 흰 구름을 하염없이 바라보고 있다.

권사합창단

　권사합창단은 크리스천들의 모임입니다. 크리스천이라면 일단 마음이 따뜻해지지요. 금방 마음자리가 환해지기까지 합니다. 인간은 늘 부족하고 자랑할 것 없는 존재라지만 기도하는 인간이라면 만물의 영장이라는 이름을 붙여주어도 무방하리라 믿습니다. 천부당만부당 권사 직함이 대단한 직분이라든가 신앙적으로 성숙해 있다든가 인간적으로 다듬어져 있다는 뜻은 아닙니다. 오직 조금은 더 자기를 닦아보려고 노력하며 기도 횟수가 더 많으리라 믿어보고 싶을 뿐입니다. 우리의 심령을 아름답게 승화시키고 싶은 분들이 모여서 찬양 드리고 있는 합창단이라고 말씀드리고 싶습니다.

　우리의 합창은 하나님께 영광 드린다는 뜻으로 연습부터 은혜롭습니다. 영혼의 심지를 태우며 노래하고 싶은 갈구함과 읊조림이 있습니다. 젊은 날처럼 목청껏 음이 올라갈 수 없다고 해도 윤기 흐른 목소리가 아니라 해도 상관없습니다. 하나님은 우리의 중심을 보십니다. 복음은 설명하는 것이 아니라 선포하는 것이라 합니다. 크리스천은 복음을 노래하며 중심에서부터 믿는 자세를 가져야 한다고 합니다. 부름을 받은 자의 사명으로 우리는 노래하고 있습니다.

우리 시카고 권사합창단은 팬데믹 기간에도 영상으로 연습을 쉬지 않았습니다. 온라인 비대면 연습을 통해서도 나름으로 반가웠고 즐거웠습니다. 노랫소리를 상호 들을 수도 없고 소리가 합해질 수도 없으니 줄 끊어진 거문고를 타고 있는 듯 답답했음에도 불구하고 계속 연습의 끈을 놓지 않았습니다. 오직 자신의 목소리를 혼자 듣고 마는 연습이었지만 충분한 의미가 있고 보람이 있었습니다. 결코 포기하지 않았지요. 지휘자님의 노래를 따라 부르며 은혜스러웠고 스스로를 사랑하는 마음을 기르고 있는 듯했습니다. 여럿이 어울려 빚어내는 값있는 통일성을 간절히 믿었습니다. 지휘자님은 소프라노를 부르다 멧조를 부르다 알토를 부르다 합창을 이끌어가는 주자로서 목이 부을 만큼 성의를 다하여 주셨습니다. 젊은 박사님의 넘치는 에너지였습니다. 권사합창단에는 콘닥터의 젊은 열정이 발산하는 신선함이 넘치고 있습니다. 전 단원이 그 열정의 여세를 쫓아 노래하고 있으니까요. 찬양이 있는 곳에서 신앙은 자라는 것이라 들었습니다.

Zoom을 통하여 연습하는 동안에는 큰 성과를 욕심부리지도 않았고 활기차다 할 수는 없었지만 표현하기 어려운 보람을 감지할 수 있었습니다. 찬양에는 또 하나의 하늘나라가 있으니까요. 새로운 생명의 창조를 노래하듯 말입니다. 하늘과 땅 사이를 휘두르고 있는 코로나바이러스에 대항하는 유일한 도전이기도 했습니다. 음악은 구원의 신이라 합니다. 노래하는 순간에는 각자의 마음자리에 빛나는 기도가 각인되기도 하고 진정한 자아를 만나기도 합니다. 팬데믹에 위축된 나날에 대한 강렬한 함성이기도 했습니다. 희망을 부르는 상징적 몸부림이라 해석해도 좋았습니다. 드디어 우리는 벌추얼송(Virtual Song)을 선보였습니다.

　권사합창단에서는 하나님을 경외하는 노래가 선곡되지요, 늘 웃음 넘치는 평화가 있습니다. 천사의 땅을 거처로 하듯 축복이 넘칩니다. 중보기도가 있고 튼실한 은혜와 단합과 배려가 있습니다. 하나님 품 안에서 신실하게 살아갈 수 있기를 구가하는 찬양의 가락이 아름답습니다. 조심스럽게 자랑스러운 권사합창단의 실황을 피력해 보았습니다. 감사합니다.

수억의 안타까움

전화벨이 요란하게 울렸다. 너무 조용한 때라서 깜짝 놀라기까지 했다.

'hellow' 어머 웬일이니? 별로 전화한 일이라곤 없는 한국에 사는 동생이다.

"아이구, 해가 서쪽에서 뜨면 어찌할꼬". "네, 누나 생각을 물씬거리게 하는 사건이 있어서요." 내용인즉 그곳에서 이름이 있는 어느 식당에서 친구와 점심을 먹고 있는데 바로 옆자리에 누나 또래의 아줌마들이 대여섯 명이 들어와 앉았는데 오랜만에 만났는지 반가워서 흥분 지경에 이르고 있더란다. 옆 사람들 생각은 깡그리 잊어버리고 다투어 말을 하려고 소리를 높이는데 가관이었다는 것이다. 가만히 듣고만 있어도 그분들의 삶의 양상이 머리에 환하게 그려질 정도였다니 여자들이 흔히 연출하고 있는 수다였으리라 짐작이 갔다. 더더구나 오랜만의 해후였으니 오직 하였으랴.

얼마쯤 떠들다가 수다가 좀 시들해지더니 그중 한 사람이 난 죽기 전에 꼭 만나보고 싶은 사람이 하나 있는데 미국에 가서 산다고 하니 전화도 주소도 모른다면서 누나 이름을 거론하는 거예요. 가슴이 쩔끔했지요. 난 누나에게 정초에도 전화를 안 하는데. 식사를 마친 후 일어서면서 아까 어느 분이 찾는 그 분이 바로 저의 누나입니다. 미국 전화번호를 드릴까요? 라고 했더니 너무 반가워하더라는 것이다.

그 소리를 들은 후 이년쯤이던가. 아무튼 얼마의 세월이 지난 어느 날 뉴욕에서 전화가 걸려 왔다. 바로 그 장본인 후배였다. 반갑기 그지없었다. 그러나 뉴욕과 시카고의 거리를 어찌할 것인지, 대화를 진행하면서 비행기 표를 사 보낼까? 순간적으로 머리는 여러 방향으로 회전되고 있었다. 바로 그 순간이었다. 나로서는 너무 중요한 손님이 오피스로 들이닥쳤다. 나는 그때 약 50명의 종업원을 거느린 소위 자영업 사장이었다. 사업상 중요한 상의를 약속한 사람들이다. 그래서 긴 말을 더하지 못하고 내가 지금 몹시 분주하니 전화번호를 주면 나중에 전화를 걸겠다고 굳게 약속하고 전화를 끊었다. 일과를 마치고 전화번호를 적은 쪽지를 찾았으나 간 곳이 없었다. 찾고 찾고 또 찾아도 나오지 않았다. 물론 그때는 셀폰 같은 것이 있을 때가 아니었다. 너무 급해서 어느 쪽지에 분명히 적었는데 찾을 수가 없었다. 애간장이 녹는 안타까움이었다.

영영 그 후배와의 소식이 두절되고 말았다. 세상에 이렇게 어처구니없는 일이 있을 수 있는 것일까? 그쪽에서는 내 사정을 알 리 만무하고 얼마나 내 전화를 기다렸을까? 엉뚱한 오해인들 없었을까? 모처럼 가진 미국 여행에 쓰디쓴 오점이 되었을지도 모른다. 죽기 전에 꼭 만나고 싶은 사람이 죽기 전에 꼭 잊어버리고 싶은 사람으로 전락했을 것은 자명하다. 이런 경우의 심정을 뭐라 써야 할까. 그에 해당한 말을 찾지 못하고 가슴앓이를 하고 있다. 애통함이여. 어떻게 이럴 수가 있을까요.

나와의 대화

부우~ㅇ 하는 소리가 온 집 안을 흔들어댄다. 좀 더 부드럽고 음악적인 소리였으면 좋을 텐데, 드라이어에서 빨래가 말랐다고 꺼내 달라는 기계음이다. 고슬고슬한 빨래를 드라이어에서 빼낼 때의 후끈한 온기는 "나 깨끗하게 변신했어요."라고 나와의 어떤 대화를 흥정하는 듯하다. 잘 빨아진 옷가지를 긴 카우치 위에 펴 놓으면 아직도 드라이어의 온기를 품은 채 어떤 생명체의 숨결이 느껴진다. 그럼 나는 차분하게 앉아서 깔끔한 기분에 젖는다. 언제 빨까 하고 짐같기만 하던 부채감까지 확 날려버리고 오실오실한 햅쌀밥을 대하고 있는 것처럼 여유로워진다. 그러고는 추억은 까마득한 옛날로 줄달음질친다.

그때 그 바지는 이미 꼬마에게 작고 짧은데도 그것만 입겠다고 울며 짜증 부리던 두 살짜리 녀석, 그 드레스는 입을 때마다 귀엽다는 칭찬을 받는다고 이 빠진 딸이 웃고 있는 모습, 보라색 셔츠에 하얀 바지는 최고의 콤비로 언제 어디서나 그를 돋보이게 한다고 으쓱해 하던 남편, 두루 달콤한 추억이다. 세상을 헤집고 다니다 뒤집어쓴 먼지와 때를 엄마에게 벗겨 달라 떼를 쓴 것 미안하고 고맙다는 소리도 들리고 이제 말끔히 씻었다고 엄마에게 매달리는 듯한 귀여운 모습도 어른거린다. 엄마 곁에 찰싹 붙어 앉아도 되겠느냐 묻기도 한다. 나는 엄마만 믿고 흙먼지 속에서 싸워 이기려고 뒹굴기도 했다고 무용담을 말하는 어린 녀석이 옆에 있기라도 한 듯 씩 웃음이 나기도 한다. 잘 빨아진 빨래들은 정감이 넘쳐흐르는 생물 같다.

내 가족들은 지금 내 곁에 한 명도 없다. 모두 자기들이 꼭 있어야 할 곳에서 스스로 도리를 다하고 있다. 보이지 않는 목소리가 들리지 않은 목소리를 해석해 준다. 오후의 나팔꽃처럼 입을 꼭 다물고 빨래를 개키면서 꿈을 꾼다. 정갈한 빨래가 옛날을 몰고 와서 나를 행복하게 해준다. 추억이란 이야기인 듯도 하고 아득하고 달콤한 시절의 사건들을 마구 몰고 오는 요술쟁이 같기도 하다. 지난날의 일들은 나를 지배했던 시름들까지 모두 아름다웠다는 생각이 든다. 지금 이 자리에서 바라보는 현실은 오직 옛날일 뿐이다. 감상적 허약함에서 벗어나야 한다. 나이는 숫자에 불과하다 했지. 이 시대는 새로운 인간형을 기대하고 있다고 했지만 나는 이렇다하게 내세울 것이 하나도 없다. 무엇이 새로운 것일까? 비범한 생각? 그 용어마저도 생소하다. 긴박성이 있는 사고를 하라. 지금의 나에게는 너무 어려운 말이다. 나는 단지 내 가족을 충실하게 아끼며 벅찬 현실을 예찬할 수 있기를 바랄 뿐이다. 복잡한 인간 감정의 요모조모를 미소로 아무것도 아닌 척 둔감하게 받아들일 수 있는 폭을 만들 수 있으면 족하다.

나의 매일이 평안하고 내가 하는 일이 크게 빛났으면 좋겠다든가, 세상에 존재하는 고통과 우울을 녹일 수 있는 능력이 있었으면 좋겠다든가, 허접한 세상에서 순수하고 소탈한 마음가짐으로 살고 싶다는 소망 등 소심한 꿈을 꾸어볼 때가 있다. 그러나 그게 얼마나 어려운 일이며 이론적인가. 신선미를 잃어버린 글에는 생명력이 없단다. 절대 사회의 폐쇄된 사고를 뛰어넘어 열린사회를 받아들이는 글이어야 한단다. 다원 사상으로 열린사회를 지향하란다. 갈수록 세인들의 말이 어려워진다.

그러나 나는 오순도순 따뜻하고 도란도란한 이야기가 깃든 삶이면 족하다. 디아스포라의 낯선 땅에서 수십 년을 살았지만 가족이 신년이면 한복을 입고 세배하는 우리 설을 지키고 있으니 그로써 나는 우리의 맥을 살리고 있다는 자부심을 갖는다. 그런 날은 뭉게뭉게 가슴속에 피어나는 기쁨 같은 것이 선물 보통이 같다. 바람 부는 언덕 같은 낯선 땅에서 지켜지고 있는 우리 설의 풍습이 왜 그리도 자랑스럽고 흡족한지, 그런 날 나는 진정한 행운이라는 것을 내 나

약한 손으로 만지고 있다는 환각에 사로잡힌다. 무엇인가 산다는 것이 한 없이 감사하다.

게들이 들려준 사연

여행은 언제나 즐겁다. 무언가 새로운 것과 만난다는 기대가 있어서 좋다. 일상에서 벗어나는 홀가분함에 들뜨기 때문에 경쾌하다. 조금은 영광스러운 일로 L.A.에 갔었다. 대단한 것은 아니지만 남에게 축하받을 만한 일은 생애에 늘 있는 것은 아니라는 의미를 붙여 가면서 더구나 딸과 함께 갔기 때문에 기억에 남을 만한 추억거리를 만들고 싶었다. 낯모르는 곳이기에 어리바리해서 더욱 신이 나기도 했다. 그곳은 바람도 좀 새로운 것 같았다. 무언가 틀린 것, 내가 살고 있는 곳에는 없는 것, 가보지 못한 곳, 먹어보지 못한 음식 그 고장에서 유명하다는 것, 등등 뭐 그런 것을 찾아 두리번거렸다. 개미 쳇바퀴 도는 듯한 틀에서 벗어나 긴장을 풀어보자는 것이 여행의 생리인 것 같기도 해서 말이다.

살아있는 게를 즉석에서 익혀주는 노천식당에 가기로 했다. 천정은 있으되 벽이 전혀 없는 노천 같은 건물이었다. 달빛 같은 전등불이 비치고 있었으나 노천이라는 낭만은 전혀 없고 다분히 도회미에 젖어있는 건물의 로비 같은 곳이었다. 누가 그 식당의 손님인지도 분간할 수 없는 곳, 대형 유리 탱크 속에 우글거리는 게의 숫자보다 더 많은 사람들이 붐비고 있었다. 둥근 테이블도 본인이 찾아 끌고 와서 앉아야 하는 곳, 식당 측은 어떻게 하든 게를 팔아버리면 그만인 곳이었다. 정성이 없어 약간 냉혹하기는 하지만 간섭하거나 간섭받기를 싫어하는 현대인의 기호를 살짝 건드려주는 묘미가 느껴지기도 한 곳이었다. 우리가 고른 게를 찜통에 쪄서 꺼내준 것을 들고 뻣뻣하고 두꺼운 종이를 한 줌 집어 둥근 테이블에 깔고 그 위에서 뜨거운 게딱지를 까는 것이다. 손이 뜨거워 악 소리를 내면서도 게딱지 속에 노랗게 엉켜있을 찐득하고도 밤 속 같은 담뱃진을 파먹을 환상에 들뜨고 있는 내 마음을 누가 알까.

어렵사리 큰 게딱지 하나를 열었다. "앗 이게 뭐야. 맹탕이네." 딱지 속에는 하얀 수염 같은 게의 뼈를 적셔주는 노르스름한 물이 가득 담겼을 뿐, 헛탕이었다. 딸과 그 친구 타샤는 그게 정상인 줄 알고 두리번거리며 어떻게 먹느냐고 연신 눈을 말똥거린다. 이런 경우는 처음이다. 아무리 어떻더라도 내장이 전혀 없는 게딱지를 애초에 본 일이 없다. 다시, 또 다른 놈을 까보아도 마찬가지, 일곱 마리 전부가 똑같았다. 딱지에 고인 노리끼리한 물을 맥주 안주로 마시면서 나는 게의 삶을 관조했고 게의 고독과 슬픔을 읽어야만 했다. 그 좁은 유리 탱크 속에서 파도 소리를 그리다가 속이 녹아버렸으리라. 탱크 속은 그의 바다가 아니었다. 게는 바닷바람이 그립고 바다의 짠물이 필요했고 갈매기의 노래를 듣고 싶었을 것이다. 주기적으로 몰아쳐 온 태풍도 그리웠을 것이다.

생명의 봄을 위해 몸피를 줄이는 가을 나무의 경우와는 확연히 다른 입장이다. 유리 탱크 속에서 잡아먹힐 날을 기다리며 유유히 헤엄치는 지루한 나날을 연명하면서 얼마나 권태스럽고 구차스러운 현실에 분노했을까. '이상'의 '권태'가 떠올랐다. 잔인한 인간의 욕망을 저주했을 것이다. 가족과 동료가 그리웠을 것이다. 행복했을 때 축적했던 영양분인 내용물을 고통을 앓느라 탕진했을 가여운 게의 감옥살이, 철저하게 여위어서 인간이라는 괴물들에게 한 톨의 내장도 주고 싶지 않았을는지도 모른다. 만물의 영장이라 자랑하는 인간들의 미각을 만족시켜주지 않겠다는 결심으로 여위어 갔을 것만 같다. 아니, 거기까지는 아니라도 그 지경으로까지 가기 이전에 그들은 이미 인간과 나누어가질 잔여물을 상실해야만 했을 것 같다. 나름으로 극한을 제시하는 게의 치열한 몸부림을 본 듯했다.

그 입장은 우리가 넘어설 수 없는 지평이다. 그들이 갇혀있는 고해에서 구해낼 해법을, 아니, 그 방법론 따위를 말하는 것은 난센스다. 살아있는 게를 직접 먹으면 맛이 특출하리라는 오산이 벌겋게 드러나서 나는 게에게 한없이 미안했고 수치스럽기까지 했다. 약육강식이라는 삶의 생태적 이론 따위는 더더욱 생각하고 싶지 않았다. 산산이 부서져 버린 기대를 훌훌 털면서 발길을 돌렸다.

게를 먹는 구경도 해본 일 없이 따라온 딸과 친구 타샤는 예의 바르게 "It,s OK, good enough"를 연발하며 몰라서 짓는 행복한 웃음이 해맑았다. 때로 한 생명은 다른 생명의 부정이기도 하다. 사람들이 서로 부딪치며 와글거리는 그곳을 떠나면서 어떤 쓰라림을 견디고 있는 나를 발견했다. 날마다 먹고 사는 모든 것이 그런 인과이거늘 그날따라 왜 그렇게 게의 아픔을 여운으로 품고 그곳을 떠나야 하는지를 자신에게 물으며 여행 중 조금은 머리 무거운 한 줌의 철학적 사유에 시달렸다. 망망한 바다로 돌아가지 못하고 여위어 가는 게에게 그 생김새처럼 우람하고 억세라고 말해 줄 수 없는 내가 참으로 보잘것없는 존재였다. 그런 립써비스는 게가 가장 싫어할 것 같지만 말이다. 조물주에게 부여받은 각자의 몫을 생각해 보았다.

아는 바보

고 2 때의 여름방학이었던 듯싶다. 그렇게 즐겁던 방학이 좀 시들해지기 시작할 무렵이었다. 가까이 사는 초등학교 교사인 영희 언니가 "내일 일직이라 종일 혼자 학교에 있어야 하는데 너 놀러 올래?" "좋아요. 학교로 갈게요"라고 약속하고 일요일 이른 오전에 내 모교이기도 한 그 초등학교를 찾아갔다. 얼굴이 참 예쁜 영희 언니와 풍금을 치면서 '비여 나리소서'를 목청껏 부르기도 하고 탁구도 치고 재미있었다. 그러다 갑자기 언니가 "참, 너 공부 잘하지. 심심하니까 네 학적부에 뭐라 쓰여 있나 볼까?" 하면서 무거운 열쇠 다발을 흔들더니 어느 캐비닛을 열었다. 뒤척이더니 꺼낸 것은 나의 초등 4학년 때의 학적부였다.

크고 무거운 학적부에서 내 이름이 적힌 페이지를 폈다. 오른편 하단에 있는 평란에는 머리가 좋다. 공부를 잘한다. 아는 바보다. 그

외에 여러 좋은 말이 또 있었지만 별로 머리에 남지 않는다. 〈아는 바보〉라는 한 마디에 나는 깊이 꽂히고 말았기 때문이다. 그 한마디가 울컥 눈물이 날 만큼 나를 자극했다. 그 담임 선생님께는 칭찬 한 마디 받아본 일 없지만 따뜻한 눈으로 나를 보아주신 듯 느껴졌다. 나는 늘 반장을 했는데 그때는 부반장이었다. 그 선생님은 그때의 반장 아이의 집안과 무척 가까운 사이라는 것만 아이들의 수군거림으로 어렴풋이 알고 있었다. 그때 나는 어느 과목이든 거의 만점을 받는 편이라서 항상 일등이라는 자신을 가지고 있었다. 그런데 이상하게도 그 어린 나이에도 나는 사람들 간의 질투심이 얼마나 무서운 것인가에 대한 공포증 같은 것, 염증 같은 것을 느끼면서 무척 고독했던 기억이 있다.

그리고 주관 없는 애들이 우르르 이리 몰리고 저리 휩쓸리는 꼴이 참 우스웠다. 나는 좀 애늙은이가 되어 있었다. 지금도 나는 그 선생님의 존함을 기억하고 있다. 그 학적부 평을 읽은 후 그 선생님은 대단히 훌륭하신 분이라는 생각이 들었다. '아는 바보'라는 단어는 너무도 나에게 맞는 단어였기 때문이다. 나를 정확히 알고 평하여 주신 선생님의 형안에 경의를 표하고 싶었다. 그 선생님은 나의 슬픔 같은 외로움을 알고 계셨구나. 매사를 알고 있으면서도 모른 척하고 있는 나의 내심을 소상히 읽으시면서 나의 어리석음을 얼마나 안타까워하셨을까, 답답해하셨을까, 지금도 의문스럽다. 그러니까 나는 뭐라 변명해도 세상을 사는 요령을 잘 모르는 답답생임에는 틀림이 없다.

그 후 나는 '아는 바보'라는 단어를 내 소유물인 양 무척 좋아하게 되었다. 너무도 틀림없는 나의 몰골이기 때문이다. 대학을 졸업하고 교직 생활을 하면서도 나는 아는 바보짓을 많이 했다. 유학생 남편을 따라 미국에 와서 살면서도 여전히 아는 바보짓을 밥 먹듯 했다. 지금도 나는 아는 바보의 편린을 내 속에서 날마다 발견한다. 그 단어 속에는 억울함 고독 왕따 진실 울분 손해 허약함 등등 많은 것들이 어우러져서 숨어있다. 싸움한 기억도 없지만 싸움한다고 가정할 때 이길 자신이 전혀 없다. 나는 지금도 날마다 아는 바보 역을 연출하면서 살고 있다.

옆에 앉은 사람이 엉뚱하게 틀린 소리를 하고 있을 때 내가 나서서 정정하면 그 화자의 체면이 어찌 될 것인가를 염려하여 바보처럼 꾹 참고 있다. 그때 저쪽 사람이 야멸치게 정정하고 나설라치면 이쪽 우리는 다발로 망가진다. 내 속 한편에서는 아는 바보 노릇 진저리가 나지도 않느냐고 왜 가만있었느냐고 꼬집는다. 때로 이럴 경우도 있다. 옆 사람이 자기에게만 유리한 쪽으로 이론을 펴나갈 때 나는 굉장한 손해를 당하게 될 때가 있다. 나는 상대보다 훨씬 확실하고 타당한 증거를 가지고도 아무 말도 못 하고 있다는 것이다. 만일 내가 정확하게 사연을 피력하면 상대방의 입장이 무참하게 무너질 것을 생각하면 입이 안 떨어진다. 상대를 배려해야 한다는 소리가 가슴 저 밑바닥에서 나를 끌어내리기 때문에 입을 꼭 다물고 만 것이다.

그 자리에서는 그토록 착한 이타주의자가 되고 나서 나중에는 억울해서 두고두고 후회한다. 기왕 바보일 바에야 미련 없이 싹 잊어버리기라도 잘하는 철저한 바보였으면 얼마나 쿨하고 아름다운가 말이다. 불행히도 나는 그것마저도 못하는 또 다른 왕바보라는 사실에 절망한다. 내가 그 병을 버리지 못한 채 그대로 살다 간다해도 그만이다. 아무리 생각해도 지어진 본연의 나 그대로를 사랑하면서 살아감이 현명할 것 같다. 지고 사는 사람이, 손해 보고 사는 사람이, 속고 사는 사람이, 그렇지 않은 사람보다 훨씬 인간답다는 생각은 변함이 없다. 써 놓고 보니 자기의 무능을 미화하고 있는 것 같아서 약자의 변치고는 좀 치사하다는 느낌이 든다. '아는 바보' 좀 못난이 같은 이름이지만 그런대로 꼭 껴안아 주고 싶은 사랑스러운 이름인 것 같기도 하다.

우물 밑바닥 긁는 소리

 모두들 후~ 안도의 숨을 몰아쉬면서 들어선다. 싱싱한 눈송이를 이고 나타난 얼굴들은 모두 싱글벙글이다. 폭설주의보가 주는 공포스러운 스트레스를 받아 가면서도 어둠을 뚫고 문학 모임에 찾아드는 회원들의 표정은 자기 몫의 구슬을 빼앗기지 않겠다는 단호함이 엿보인다. 우리는 모두 한 달에 한 번 있는 문학회에 참석함으로써 하나의 구슬을 얻는다고 생각한다. 오늘 밤은 특별히 한국에서 오신 드라마 작가의 강의를 들을 거라니 기대한 바가 훨씬 크다. 훈훈한 방에 옹기종기 쪼그리고 앉아서 드라마작가님의 얼굴을 뚫어져라 응시하고 있다. 글이 쓰이지 않고 머리에 구멍이 뚫린 것처럼 멍하여 아무것도 잡히지 않을 때의 고통은 무어라 표현할 수가 없다는 작가님의 진솔한 표현이 이미 무언가 짭짤하게 얻어갈 것이 있을 것 같은 예감을 제시하고 있었다.

그 작가님은 무언가를 써야겠는데 영 머리에 잡히지 않을 때는 이불을 뒤집어쓰고 엉엉 울었단다. 무슨 큰 사건이라도 일어난 것처럼 말이다. 수 없는 몸부림 끝에 "우물 밑바닥 긁는 소리가 들려야만 씨앗 글은 싹이 텄다고 한다. 하나의 핏줄이 터질 때 피줍 짜서 글 한 줄을 엮는 심정이었다고. 또 견딜 수 없을 때는 다시 울음이었다. 울고 나면 목을 조르던 끈이 풀리고 드라마 윤곽이 얼룩처럼 드러났다고 한다. 글은 반드시 폭풍 후에야 보였다"고 작가는 실토했다. 무대 위에서 1분의 갈채를 받으려면 10년의 숨은 노력이 있어야 한다는 것을 웅변하고 있었다.

폭설은 분한 없이 퍼붓고 귀갓길은 모두 멀다. 밤은 깊어 가는데도 작가님의 뜨겁고 간절한 노력이 낳은 작품 얘기에 홀려서 떠날 줄 모르고 버티는 시간이었다. 질기고 질긴 창작 의욕에의 애착, 살아 있음의 몸부림 같은 열정이 망치 소리로 회원들에게 울렸던 것 같다. 장대비처럼 쏟아지는 눈길 무사 운전하기를 비는 마음, 20여 명 회원들의 안위가 걱정스러웠다. 보내는 가슴도 당사자들만큼이나 무섭게 쪼여 들었다. 작가의 영광보다 그 영광을 찾아가는 가시밭길이 어떤 것인가를 배우는 밤이었다. 이불을 뒤집어쓰고 실컷 울고 난 후에야 들리는 우물 바닥 긁는 소리는 신이 보낸 축복이라고 말하고 싶다. 모두 할머니이며 어머니인 여인네들이다. 디아스포라의 현장에서 실컷 땀 흘렸고, 망향의 설움을 안고 살아가는 여인네들의 가슴속에 작품 쓰는 고난의 과정이 저토록 크게 반응하다니. 뜨거운 정열과 의욕이 있다는 사실을 확인하는 밤이었다. 소중한 메시지를 얻어듣고 희디흰 겨울밤의 폭설 길을 가는 동료들의 안위를 위하여 기도하지 않고는 배길 수가 없었다.

  침묵은 축복이었다. 탈 없이 무사 운전으로 귀가하여 포근한 꿈나라를 지켰다는 메시지가 가슴으로 전달되었다. 눈 쌓이는 날이면 울렁울렁 들뜨는 가슴을 다스리느라 힘이 든다. 무언가 좋은 일이 멀리서부터 나를 향해 달려오는 것 같은 기분은 소녀들만 가진 감상은 아닐 것이다. 강의를 들은 후의 우리 문우들은 동동 북소리가 울리는 심장으로 귀가했을 것이다. 세상에 쉬운 길 쉬운 일이 어디 있을까? 인생의 본질은 어려운 것이고 노력해야 하는 것이다. 때 묻지 않은 가슴에서 합창이 들린다. 우리 문우들에게 필운을 주소서. 글 쓰는 아낙으로 살게 하소서.

4부

끝없는 부활

쿵쿵 뛰는 가슴은 아니라도 옷깃을 여미고 싶은 순간이다. 너도나도 모두에게 공평하게 다가오는 날, 으스스한 추위가 오히려 상쾌하다. 한시도 쉬지 않고 속도의 변함도 없이 달리는 것이 시간이다. 한 세상에서 다른 세상으로 넘어가듯, 벌건 해가 서산 너머로 사라진 듯 하더니 또 다른 신년을 이끌고 왔다. 지난날과 똑같은 풍경이지만 자연의 변화는 늘 새롭게 느껴진다. 절대로 과거와 같은 것일 수는 없다. 이 순간은 과거에도 없었고 미래에도 없을 때 묻지 않은 오직 하나의 신선한 아침이다. 의식과 무의식 속을 헤매며 정신없이 살았지만 그런대로 우리의 내면에는 작은 금자탑 하나가 지어지고 있었다. 365일 중 364대 1로 찾아온 단 하루, 신생아처럼 귀한 새해의 첫 순간을 향하여 지난날을 무사히 걸어온 스스로에게 갈채를 보낸다.

어느 날이건 꿈을 잃지 않는 자는 그의 삶에 자신감이 충만하다. 이룰 수 없는 꿈이라도 좋다. 어쩌면 이루어지지 않은 꿈이야말로 진정한 꿈이 아닐까. 검푸른 여명에 상처를 입히며 찾아온 칼날 같은 햇살은 좀 민망스럽다. 에스컬레이터 위에서도 더 빨리 오르고자 걷는 자가 아니어도 좋다. 가끔 표지판이 앞을 막고 우리를 지치게 할 때도 있었지만 돌아서라도 갈 수 있는 다른 길이 있음을 곧 알게 되지 않았던가. 헐떡이며 걷지 않아도 된다. 길은 험하다 평탄하다 늘 굴곡이 따른다. 늦었다고 성급해 할 필요도 없고 마음껏 이루었다고 자만할 이유도 없다. 의젓하게 좌절할 줄 모르고 역경을 태연하게 걷는 자세는 평범한 듯하나 사실은 평범함을 능가한 비범한 것이다. 부족하나마 열의를 가지고 살았다면 족하지 않을까? 바스락거리는 지난날의 사연들을 이끌고 조용히 새해의 뜰로 나오라. 진정 당신은 새해를 맞이할 자격이 있는 사람이다.

새로운 것 때문에 버선발로 뛰어나가는 호들갑은 필요 없을 것 같다. 살아 있음을 느끼게 하는 것이 있다면 그것은 끝없는 부활이다. 더 예리하지 못하고 더 깊이 느끼지 못한다고 창조적이지 못하다고 나무랄 것인가. 유별나게 보내지 않은 과거였을지라도 최선을 다하여 살았다면 그것은 새로운 부활의 밑거름이었다고 말하고 싶다. 우리는 끝없는 부활을 하는 것이다. 문화의 야만성을 보았다면 나만이라도 거기에 젖지 말기를, 음정 이탈이 없는 실력 넘치는 오페라 공연처럼 살지 못했더라도 좋다. 내 안의 음습지처럼 존재하는 이웃의 아픔을 다독여 주었다면, 마음 가난한 이웃에게 전화 한 통으로라도 따스함을 전했다면 그것은 선물이며 사랑의 부활일 것이다.

시간은 오고 또 오고 가고 또 간다. 지나간 시간의 가슴은 우리에게 불가마이었는지도 모른다. 아니 회오리바람이었는지도 모른다. 어떻든 우리는 그 속을 무난하게 통과했다. 새해를 맞이하고 있는 모든 세계인을 장하다고 치하하고 싶다. 설명이 필요 없이 확실한 자아를 세운 자만이 현재 살아있다고 믿어본다. 11월에 밀가루 같은 첫눈을 만났을 때 새해가 온다는 메시지가 강하게 느껴졌었다. 처음과 끝은 서로 연결되어 있다. 마치 처음이 끝이고 끝이 처음인 것처럼 말이다. 그 연결고리가 중요한 듯싶다.

고등학교 때의 그믐밤엔 제야의 종소리를 함께 듣자고 친구들과 짜놓고 아버지의 눈을 피해 어머니와 밀약해 놓는다. 도둑고양이처럼 옆문으로 빠져나가서 밤새워 놀았던 기억, 무릎까지 빠지는 눈 속을 노래하며 헤맸던 청춘, 조용히 책을 읽으며 새로운 순간을 맞이했던 제야, 지금 내 곁에는 그런 날들의 조각들이 반짝반짝 깜박거린다. 묵은해와 새해의 틈새는 한 오라기 실의 간격도 없다. 앞에 가버린 해가 있었기에 줄이어 다음 해가 있는 것이다. 잠복해 있는 꿈이 꿈틀거린다. 나이 들었기에 꿈이 없다고 할 수는 없다. 연륜이 있기에 인생의 진수를 말할 수 있다. 풋내기들이 할 수 없는 생각을 할 수 있는 또 다른 연령층이 있다는 것은 얼마나 믿음직스러운가. 상반된 쪽의 나이들이 합하여 고르게 등분되었을 때 그럴듯한 조화를 볼 수 있을 것 같다. 감동은 작은 것에 있듯이 대수롭지 않은 어느 곳에 진중한 의미가 숨어 있을 것이다. 신년의 아침이 환하다. 바로 부활이다.

문집이 완성되던 날

예쁜 책 한 권이 선물로 가슴에 쑥 안겨 오네요. 가을 속으로 몰입했던 것, 어느 길목에서 우리 문집이 완성되었습니다. 하얀 꽃 두 송이가 보랏빛 그늘을 품고 작은 화병에 꽂힌 여성스러운 수채화가 표지를 장식하고 있지요. 이 고운 표지만으로도 여성지임을 금방 알게 하는 문집입니다. 바닷가 뜨거운 햇살과 강한 파도에 씻겨 하얗게 반들거리는 고운 조가비를 줍듯, 아니 한 땀 한 땀 공들여 바느질하듯, 정성껏 쓰인 작품들이 여러 장르로 옷을 입고 한데 묶어졌지요. 요동치는 세상의 한복판을 살아가면서 실존의 현주소를 인식하는 일인 것만 같아서 가슴이 흐뭇해집니다. 이 작품들이 우리 삶을 반추하고 있다는 점, 어떤 철학적 논리보다 오밀조밀한 우리의 내면생활을 요 모양 저 모양으로 클로즈업시켰으니 충분한 가치가 있습니다.

우리 모두 어머니로 할머니로 어정쩡한 나날을 엮어가면서 일상에 문학을 끌어들여 무엇인가를 글로 쓰면서 자신의 저력을 캐낼 수 있었다면 그보다 더한 보람을 어디에서 찾을 수 있겠습니까? 기성 작가들의 작품 같기를 바라지 않습니다. 덜 익은 풋밤은 야들거리는 하얀 속살을 자랑하면서 특유의 오묘한 맛을 발하고 있거든요. 그 사각거리면서 연한 풋밤 행세를 하고 싶답니다.

미력하나마 자기의 작품 하나가 쓰였다면 그것은 자전 드라마일 수 있습니다. 우리 마음속에 흐르고 있는 강물의 어떤 대목들, 그 여울에서 흘린 순백의 눈물 같은 것, 또는 웃음일 수도 있습니다. 우리의 삶은 도전이어야 하고 한편으로는 순응이어야 한다고 말한다면 모순이라 하시겠습니까? 끊임없이 사고를 거듭하고 문학에의 시도를 반복하는 곳에 의미를 두고 싶습니다. 인간은 쇠락하지 않는 열정으로 살아야 한다는 명제를 안고 있습니다. 우리 문우님들이 쓴 시, 수필, 평론, 소설 등은 보람을 찾아보자는 생활의 미학입니다. 우리가 변화를 갈망한다면 열린 자아가 자기 발견을 할 것이며 스스로를 격상시킬 수 있을 것 같습니다.

넓고 서늘한 가을하늘이 꿈의 길섶 같습니다. 고통 한 철, 웃음 한 철을 보내고 나면 얼른 저버리는 한 해, 그 가운데서 우리 문우들의 땀방울을 모았다면 그것은 분명 대단한 열매입니다. 돌개바람처럼 스쳐 간 계절에 어찌 추억 한 접시가 없었겠어요. 숨 가쁜 삶이 묻어 있는 소리들을 적어보았다는 기쁨이 이렇게 오롯할 수 있다니요. 문학은 '소통의 장'이라 합니다. 인간사에서 갈등의 공간, 험한 대립 공간을 공개함으로써 우리의 영혼이 커가는 것이겠지요. 자신의 내부에 살고 있는 어떤 정체가 행복해질 수 있다면, 먹어도 허기진 것 같은 속마음이 풀어질 수 있다면, 그것은 자산이 아닐는지요. '나, 라는 소중한 존재를' 나, 일 수 있게 만들어주는 시간을 위하여 책을 가까이한다는 것 귀한 일인 듯싶습니다.

원로 여성 시인 김남조 시인은 90대가 아니면 그 누구도 흉내 낼 수 없는 시를 쓰신다는 찬사를 받고 계십니다. 나의 하루에서 책과 즐기는 시간, 문자와 대화하는 시간이 있다면 내 영혼이 그만큼 살찌는 시간이라 할 수 있겠지요. 오늘날은 세계적으로 모든 것을 공유한 시대라고 합니다. 문학을 통해서 다른 사람을 읽을 수 있다는 것은 얼마나 큰 소산입니까. 우리는 한국인입니다. 한국인이 끌고 온 물줄기가 세계 방방곡곡으로 흐를 것입니다. 직업을 가진 모든 사람들은 일정한 시기가 되면 리타이어(retire)를 해야 합니다. 그러나 문학인에게는 리타이어가 없습니다. 세계의 모든 민족, 즉 인류가 뒤엉킨 이 합중국에 살면서 멋있는 노후를 즐기고 싶지 않으십니까? 가을에 부르는 노래처럼 말입니다.

새벽길

 무엇에 눌리는 듯 가슴이 답답했다. 번쩍 눈을 뜨니 새벽 세 시, 어젯밤 열한 시 반이 넘어서 자리에 들었으니 결국 세 시간을 잔 셈이다. 불안의 정체를 알아낼 수도 없고 더 이상 잘 수도 없었다. 그냥 그대로 머리맡에 놓인 책을 한 시간이 훨씬 넘게 읽다가 밖으로 튕겨 나왔다. 무서우리만치 고요한 시간이었다. 신선한 새벽 공기마저도 미처 잠에서 깨지 않은 깜깜한 적요, 보랏빛과 진한 회색이 어우른 이름 모를 빛깔이 여명 앞에 도사리고 있었다. 푸르스름한 어둠 속으로 마음을 추스른다기보다 막힌 숨을 내뱉어 보려고 집을 나와 걷기 시작했다. 뱉어지지 않으면 혼자라도 도란도란 이야기를 시도해보려는 심산이었다. 우람한 집들이 번듯하게 줄을 선 주택가를 스쳐 지나가는데 꿈속 같기만 했다.

 검은 침묵이 깔린 길을 혼자 걸으면서 깊이 잠들지 못한 연유를 조용히 타진했다. 무엇 때문이었을까? 골똘하게 어떤 생각에 함몰한 머릿속과는 달리 "감사합니다."라는 말이 나도 모르게 입에서 툭 튀어나왔다. 어떤 무의식이 무척 감사하다는 생각으로 나를 지배하고 있었든 듯싶다. 가슴 눌리는 답답함과 감사, 이건 전혀 앞뒤가 맞지 않는다. 이 어울리지 않는 감정 사이에 어떤 모순이 내재하고 있는 것일까. 하기야 난 일상에서 감사하다는 말을 헤프게 하는 편이긴 하지만 이 경우는 너무 엉뚱하고 모호하다. 그러나 이건 어떤 반전일 수도 있을 것이다. 이런 경우엔 긍정적인 편에 서자. "너는 늘 웃음이고 싶은 사람이니까"라고 나에게 속삭였다. 내 몫의 글이 더 써지지 못하고 있음에 대한 불안과 거기에 부수한 어둠처럼 내 몫의 기쁨도 있을 터, 나는 가슴을 누르고 있는 커다란 사연을 한 올씩 풀어갔다,

어둠과 고요뿐인 길 위에서 좀 무섭다는 생각이 진창이었다. 이렇게 푸근한 안전지역에서도 두려워야 하는 인간사가 섬뜩했다. 조금만 기다리면 밝아질 거라고 나를 달래며 크게 심호흡을 했더니 가슴이 좀 말랑해졌다. 그렇게 옹색한 방법으로 스스로를 쓰다듬는 사이에 깜깜하던 기운이 스멀스멀 물러가고 명도가 마구 높아지기 시작했다. 급속도로 하늘이 환해지자 내 발걸음은 힘을 얻었다. 덩달아 가슴도 확 열렸다. 살에 닿는 여름 첫새벽 가녀린 바람이 어찌 그리도 시원하고 달콤하든지.

정갈한 아침이 곱게 피어나고 있다는 사실이 나를 놀라게 했다. 이 참한 새벽을 설명하려니 부족한 나의 어휘력이 바닥을 쳤다. 그렇다고 이 기분을 묵살할 수는 없다. 이토록 신비스러운 시간이 나에게 주어졌음이 과분했다. 때로 부엌에서 흔하디흔한 실파 한 줌을 씻어 쥐고 푸른 생명감을 객관화하여 쓸 수 없음이 안타까워 안절부절못할 때가 생각났다. 그러나 오늘 하루의 시작이 이 정도라면 이 하루는 충분히 멋이 있다. 여니 때 같으면 새날에 대한 어떤 기대나 보람 의미 같은 것은 생각지도 않고 덤덤했을 텐데 말이다. 동치미 같은 새벽 공기 속에 아무도 아직 밟지 않은 새벽길을 내가 처음 밟는다는 의미도 대단했다. 태양이 발하는 빛이 멀리서부터 은은하게 위로 펴오르면서 어둠이 조금씩 용해되는 과정도 가관이었다. 먼 훗날에나 올 것 같은 어떤 가능성이 후들후들 바로 눈앞에 쏟아지고 있는 것 같았다. 무엇 때문인지 나는 갑자기 자신만만해지기 시작했다. 60인치 정방형 콘크리트가 열병하듯 박힌 말끔한 싸이드월을 한 시간이나 걸었다. 모든 세상이 그림처럼 정지되어있는 길을 혼자 걷는 일은 참으로 오롯했다. 세상사는 모두 빛과 어둠의 대비 그것이 전부인 것만 같았다.

나는 늘 불안을 동이 가득 이고 산다 해도 소중한 심지 하나로 남고 싶다고 생각한다. 어쩌면 불안은 나만 가진 것이 아니라 모든 현대인의 지병이 아닐는지. 이 시대적 질감은 그 어느 때보다 격이 높아야 하고 인간적이어야 한다는 것이 내 주장이기도 하다. 그게 바로 바람직한 진화가 아닐까 하는 의미에서 말이다, 어느 시대나 모름지기 진화는 이루어지고 있을 것이니까. 이 각박한 시대의 사랑은 힘이 될 것이며 인간적 친화력 또한 힘일 것이다. 인간은 저마다 혼자일 수밖에 없기에 개개인의 우월성을 인정해야 한다는 주장도 불쑥 솟아났다. 사람은 불안 때문에 절망할 수도 있지만 도약할 수도 있지 않을까 라는 생각 등등 두서없는 나만의 얘기는 끝이 없었다. 더하여 내 깊은 속마음 골에 살고 있는 내 사랑하는 사람들까지 동원된 이야기는 풍성하게 꽃을 피우면서 나를 다독여 주었다. 상상의 세계가 이렇게 나와 긴밀한 접착제로 엉켜있다는 사실을 나는 처음 알았다.

주어를 잃어버린 불안으로 잠을 설친 나는 새벽을 걷고 나서 답답했던 사연이 풀리고 있었다. 나는 나에게 똑바로 외쳤다. 소중한 짜증을 그대로 삼켰기 때문이라고. 의욕으로 뭉쳐진 값진 욕망을 치유 못 한 사연 때문에 답답해진 가슴을 사랑하라고 타일렀다. 팽개쳐진 좌절이 문득 새싹을 틔울 수도 있다는 기발한 꿈을 꾸어야 한다고. 안개 속에 숨은 난간을 꼭 붙들고 조심스럽게 가는 길이 지혜라고 타일렀다. 인간의 촌락에 변함없이 해가 뜨는 아침의 의미로 나의 불안을 상쇄할 수 있었다.

아닌 것 같은 진실

이른 새벽 "Good moring mom" 아들의 전화 인사다. 침실이 이층에 있으므로 오른손으로 전화기를 들고 다른 손으로 유리창 커튼을 젖히면서 어스름한 밖을 건너다보았다. "어머, 소방차 수십 대가 우리 집을 둘러싸고 있네. 웬일이지?" "엄마 옆집에 불이 났나 봐요. 어서 옷 갈아입고 밖으로 나가세요. 위험해요" 아들 목소리가 전화통 안에서 다급해졌다. 재빨리 우리 집과 가장 가까운 집, 서쪽 유리창 커튼을 젖혔다. 아니나 다를까 짙은 연기에 싸여 옆집 형태는 이미 보이지 않았고 이젠 그 시커먼 연기가 우리 집으로 몰려오는 중이었다. 화약 냄새도 같고 어떤 위험성을 내포한 냄새가 목을 꽉 조이기 시작했다. 하이웨이로 한 시간 거리에 살고 있는 아들이 허둥지둥 달려와서 나는 아들을 따라 피란을 가야 했다.

이틀 후 집으로 돌아와 보니 불난 옆집은 폐허라는 말에 걸맞은 꼴로 을씨년스러웠다. 지하실 퍼네이스에서 불이 붙는 것을 조기 진압했으니 집의 외모는 멀쩡했고 그 어느 곳도 전혀 훼손됨이 없었다. 하지만 현관문의 빗장을 비롯하여 이층 유리창까지 무언가 만사를 포기하고 최후를 기다리는 패잔병을 연상하게 했다. 바로 옆집이 그 모양이니 우리 집 모양새까지도 맥이 빠졌다. 그렇게 몇 달이 지나더니 보험회사에서 꼭 그 자리에 그대로의 집을 지어주게 되었단다. 그로부터 그 집은 깡그리 헐어서 부서지고 거의 일 년에 걸쳐 공사가 진행되었다. 건물은 완전히 쓸어버렸으나 기저는 손대지 않고 이전 집의 꼭 그 기초 위에 새로운 집이 지어졌다. 눈만 감았다 떠도 마구 새로워지는 요즘인데 몇십 년 전의 옛집 그대로 지을 리 만무하다. 천정을 가차 없이 높이고 집 외모의 디자인을 전폭적으로 변경했다. 건축 자재도 새로운 것을 이용했고 벽돌색이나 지붕 색깔도 확 바꾸었다. 이전 집과 똑같은 크기로 같은 자리에 앉힌 집이지만 높이가 올라가니 그 집은 전에 비하여 몇 배로 키도 크고 부피도 커 보인다. 과연 건축양식의 혁명이었다.

새집이 궁전처럼 우람하다. 얼마나 통쾌한 변신이며 격상인가? 동료처럼 우리 집과 나란히 서 있던 그 집과의 건축적 친근감은 온데간데없어졌다. 시카고를 대표하는 '제이콥슨'이라는 유명한 빌더가 같은 시기에 지은 집이라 집의 크기는 물론 내부도 대동소이하다. 그래서 우리 두 집은 쌍둥이처럼 나란히 유명세를 타고 있었다. 그러나 투스토리 포이어인 우리 집 내부가 좀 더 화려했달까? 뭐, 그런 이유로 우리 집이 조금 더 고가로 매매되고 있었다. 그러나 이젠 판세가 완전히 바뀌었다. 그 유명세는 빛바랜 꽃처럼 버려졌다. 옆집의 높이가 훨씬 상승해버렸으니 두 건물은 대비현상을 일으켜 우리 집은 실제 이상으로 왜소하게 움츠러들고 우중충하게 되고 말았다. 옆집이 크게 변신했으니 우리는 가만히 서서 큰 손해를 입은 셈이다. 내용의 크기는 그대로 두고 외모만으로도 이렇게 변신할 수 있다는 사실에 적이 놀랐다. 여기에는 과학성이나 예술성이 작용했을 것이고 겸 하여 세상의 이치까지도 설명하고 있는 것 같아서 흥미롭기 그지없다. 허나 한편으로는 가만히 서서 외모가 초라해져 버린 듯한 손실 감을 감출 수가 없다. 조금은 안타깝고 우리 집 건물에 대하여 미안하다는 생각이 들기도 했다. 똑같은 밑자리 크기일지라도 그 몇 배로 크게 부풀려 보일 수도 있고 화려하게 재탄생 할 수도 있다는 사실에 세상의 오묘한 이치를 발견했다. 때문에 연구가 필요하고 새로운 안목이 필요하다는 사실을 설명하고 있다.

 붕괴나 파괴가 절망일 수 없으며 위기는 기회라는 말을 설명하고 있었다. 옆집에 갈채를 보내주려고 안간힘을 쓰고 있지만 정직하게 말하자면 배가 살살 아프다. 누구에게 옆집과 우리 집의 건축지의 넓이가 똑같다면 누가 믿을까? 시샘 때문에 헛소리하고 있다고 뒷전에서 얄미운 눈짓으로 나를 비웃겠지. 세상에는 꼭 아닌 것 같은 진실도 있는 법이다. 불난 뒷자리에 새로운 면모의 큰 새집이 등장했다는 사실 앞에서 나는 실컷 놀라고 있다. 파괴는 생명을 관장하는 원동력과도 통한다는 결론이다. 인간 지혜의 한계는 어디까지일까? 우리 집의 외모가 옆집 때문에 좀 왜소해 보인다는데 상처를 입을 이유는 없지만 아무래도 크고 우람하게 보이는 게 좋은 것은 사실이다. 이제 더욱 내 집과의 내밀한 속삭임을 살찌워야겠다.

그러나 한편 생각을 바꾸어 보자. 옆집이 커졌으니 우리 집도 덩달아 커 보일 수도 있다는 식의 좀 억지스러운 반전을 꾀하며 바람직한 생각이라고 우겨볼까. 부피가 주는 위력이 대단하다는 사실은 새로 발견한 지식이다. 자신이 커진다는 사실이 그 누구에게는 불편한 요건이 될 수도 있다는 사실이 아이러니하기도 하다. 크다는 사실이 뭐길래 부피에 관한 관심으로 세속적 경쟁 속에서 헤매고 있는지. 속물에 불과한 자신을 발견하고 깜짝 놀란다. 내가 길이 쉴 곳은 오직 내 집뿐이라는 생각으로 기둥에 몸을 기대고 서서 하얀 벽을 어루만져본다.

아름다운 추락

오늘 아침 나는 종이 한 장을 또 뜯었다. 빤질빤질하고 두툼한 종이에 계절을 색스럽게 그려 넣은 달력 말이다. 시간을 헤며 제 몫을 다한 충직한 달력의 흔적을 지워버리자 했다. 시간을 삼켜버린 서운함을 어떤 잔인함으로 얼버무렸달까. 벽에 매달린 채 말이 없는 달력, 온 세상이 들떠 환호하고 요동을 쳐도 묵묵하던 것, 절정의 뜨거움이라고 짖어대는 푸른 열기에도 성자처럼 태연했던 것, 한세월을 묵묵히 지나왔다고 단 한 마디 자랑도 비난도 후회도 모른 채 삼백 육십오 일을 한결같이 벽에 매달려 사는 것, 그 우직함과 선량함에 대하여 칭찬 한마디 없이 인색하게 도려냈다. 찍~ 종이 찢어지는 소리가 뻣뻣하고 익숙하지 못한 음향으로 아직도 벽에 걸린 달력 모체에서 떼어냈다. 아무것도 아랑곳없이 나는 10월 첫날이라고 무조건 9월을 뜯어내고 나서 한참 동안을 멍청하게 서 있어야만 했다.

가을에는 구시월 두 달의 피크가 있으니 여유가 있다는 기분으로 9월은 늘 느슨하다. 또 하나 10월이라는 가을의 진수가 있다는 여유가 있기 때문이다. 매월 1일이면 29일 내지 30일이 쌓여 있다고 느긋한 마음에 숨 돌릴만하다. 하지만 몇 번 눈을 감았다 뜨면 일주일, 한 달의 4분의 1이 휙 스쳐 가고, 몇 페이지 책을 읽다 보면 2주일이 가고, 할 일이 태산 같은데 오늘은 행동을 개시해야겠다고 두리번거리다 보면 3주가 넘어간다. 그러고는 어처구니없게도 월말이다. 그렇게 보낸 날들이 안타까워질라치면 마음이 급해져서 위 아래층을 뛰어서 오르내린다. 그러나 그것은 작은 몸부림이고 하잘것없는 안간힘일 뿐이다.

이해도 이젠 겨우 두 달이 남았다. 똑같은 후회를 안고 새해를 맞을 것이다. 그리고 거기에 또 희망을 걸 것이다. 새로움을 향한 갈망으로 미지의 길을 향하여 두 팔을 벌리겠지. 그럼 그곳이 또 새로운 시발점이 아니겠는가. 뿌리에서 새로 자란 싹처럼 인간의 삶에는 늘 아픔 같은 후회도 함께 자라는 법이니까. 뒤주에 쌀이 가득할 때는 스스럼없이 푹푹 쌀을 퍼서 밥을 지을 수 있다. 하지만 쌀이 바닥이 날 때쯤이면 한 톨의 쌀이 아깝고 초조해지는 것처럼 말이다. 살아야 할 날이 시시로 줄어들고 있음을 실감하는 순간엔 일 초도 아깝다. 느끼고 또 느끼면서 여러 번을 후회하다가 잊어버리고 모래폭풍이는 사막 같은 삶을 사는 게 인간인 것 같다.

나는 오늘 이름 모르는 나무 아래 미륵처럼 서서 노란 가을의 소리를 엿듣자고 하늘을 향하여 고개를 쳐들었다. 순간 무엇이 희뜩 공중을 날며 포물선을 그리더니 사르르 내 머리 위에 내려앉았다. 어린애 손바닥만 한 낙엽 한 잎이다. 나는 그 적갈색 낙엽 한 장을 이고 황홀한 가을의 이벤트를 치렀다. 왕관보다 귀한 한 톨의 자연 부스러기가 주는 행운 같은 감미로움에 얼마나 흐뭇했던지. 푸시시 축축한 바람 냄새가 그렇게 내 가슴을 두근거리게 했다. 바로 거기에 나의 가을이 있었다. 나에게 다가온 진정한 가을이라는 정체였다. 자연과 인간이 어울려 빚은 순간적 통일성으로서의 만남이 신기하리만큼 살갑게 다가왔다. 이런 것도 인연이고 사랑일 것이라는 생각을 해보았다. 서너 날이면 바싹 말라 가루가 되어버릴 한낱 가랑잎과의 만남을 굳이 인연이라고까지 비약하는 것은 좀 과장스럽지만 사람에게서 받은 밀착감보다 강한 애착이 가슴에 둥글둥글 원을 그려주었다. 멜랑콜리란 사랑으로부터 발원한 것이란다. 그 한 장의 낙엽에 내가 그토록 마음을 빼앗기고 있다는 사실에 다시 한 번 놀라기도 했다.

달력을 상처 주며 추락하던 나의 가슴은 어느새 다시 비상을 꿈꾸게 됐다. 산다는 것은 하강함과 상승함의 완전한 하모니일 수 있다는 사실을 알아냈다. 내년이면 또 만들어질 보다 멋있는 달력이 탄생할 것이며 나는 전혀 다른 관점에서 새로운 날들을 지어 갈 것이다. 추락은 결코 끝이 아니다. 추락은 비상을 약속하고 있기에 더욱 과감하고 더욱 자신만만하다. 낙엽은 영원한 추락일 수 없다. 여한 없는 최후이며 내일의 꿈이다. 희망의 원리이다. 그래서 삶과 함께 자란 눈물과 웃음에 존재하는 개연성이 오히려 정답다. 내 머리에 내려앉은 낙엽을 내 집으로 데려올까 하다가 그네들에게 보내주기로 하고 훌훌 날려 보냈다. 내 책갈피에서 답답하고 외로운 것보다 너희끼리 함께 부서지기를 바라는 염원으로. 나의 낙엽이 외롭지 않았으면 좋겠다.

백설이 발하는 온기

언어에도 빛깔이 있고 온도가 있다. 상호 바라보는 눈길에도 차디찬 시선이 있고 따스한 시선이 있다. 주위가 적막한 저녁이면 막막한 기분에 휘말린다. 그 검은 침묵 속에 가만히 다가와 수북하게 붓고 간 눈 더미의 온도가 나에게는 따스함으로 다가온다. 온천지가 개벽하듯 공평하게 받은 축복, 널찍한 뒤란에 여한 없이 펼쳐진 눈밭, 가까이 서기만 해도 냉기가 멱살 잡고 덮쳐오는데 온기라니 천부당만부당한 억지라 할 것이다. 그러나 나는 거기에 분명 온기가 있음을 느낀다. 지금도 밖에는 두런두런 눈이 나린다. 인간의 손으로는 결코 흉내 낼 수 없는 절경이 지어지고 있다. 나는 눈 나리는 아침이면 특별히 모든 공간에 가득한 따스함을 그 누군가와 나누고 싶다. 이 백색 아침은 바로 매혹이다. 누가 나에게 이 눈 쌓인 아침에 관한 이야기를 하자면 감격할 것 같다. 그 어느 눈 나리는 제야에 우리 형제자매가 총동원하여 무릎까지 빠진 눈길을 따라 뒷산에 올랐었다는 옛이야기로 수다를 떨고 싶다. 만약 내가 둘이라면 또 하나의 나에게 되풀이 되풀이로 얘기할 것 같다. 누가 얼마나 공감해 줄까마는 그런 것을 생각하는 것만도 기쁘다.

백설의 온기는 양철 냄비 같은 뜨거움이 아니라 질화로에 묻은 불씨처럼 은은한 따스함이다. 인간이 가진 숫자로는 기록할 수 없는 온도다. 무한히 서늘하고 무한히 따뜻하다. 숫자로 밝히기를 거부하는 미지의 온도라고 답해야겠다. 찬 기운이 정체를 숨기고 푸근하게 해주는 아침 빛깔의 온도를 표현할 단어를 찾을 길이 없어 한스럽다.

부드러운 입자가 뿌옇고도 가녀린 선인가 하면 하늘까지 뻗는 흰색 아우성 같기도 하다. 눈 쌓인 아침은 그대로 천년이 가도 싫증나지 않을 것 같다. 나의 눈(snow) 사랑은 단순한 취향이 아니라 영혼을 관통하는 어떤 심오한 본향에 대한 애착 같은 것이다. 나부끼는 눈발에 내가 이토록 집착하며 무관할 수 없는 것은 눈이 지닌 심오한 이미지에 끝없이 몰입하고 있기 때문인 것 같다.

지금 우리 주위는 눈에 정복된 것들만이 존재한다. 모든 죄와 불만과 분노 미련 애착 비애 등이 철저하게 배제된 가장 정화된 순간이다. 이런 아침 만일 눈(eyes)을 찌르는 듯한 밝은 빛이 온다면 나는 거부하고 싶을 것 같다. 이 순간의 선명한 햇빛은 온전하게 지어진 저 완만한 백설의 자연스러운 곡선에 상처를 줄 것이기 때문이다. 이런 아침의 어스름하고 뿌연 하늘은 하얗고 화려한 만물의 성장에 구김을 만들어 상처 주지 않아서 좋다. 모처럼 단장한 나뭇가지들도 뜨거운 빛을 거부할 것만 같다. 금방 옷을 벗기보다는 심연의 의미를 머금고 천천히 더 진한 나이테를 만들고자 할 것 같다.

눈 덮인 만상의 넉넉함은 모든 인간사의 상실감을 덮어주는 후덕한 가슴이다. 꼭 품고 있는 상념들이 조용히 눈을 감고 뿌리 내리는 기회이다. 때문에 생명이 부화하는 순간이다. 빛깔이 생기기 이전의 태곳적 색이기도 하고 다 살고 난 마지막 빛깔이기도 하다. 무색은 여한이 없는 색이면서 미래를 그릴 수 있는 여백을 제시하고 있다. 멀리 보낸 시선에 지극한 울림이 고이고이 어우른다. 그 옛날 우리 선조 시인들에게도 내렸던 송이 눈에게 물어보아야겠다. 그분들은 절하면서 눈을 영접하지는 않았는지. 이 부요한 아침 설명보다는 차라리 묵언하자. 가슴 가득한 것 펴내지 못하고 자연이 연출해 낸 경이로운 곡선 앞에서 이렇게 즐거운 의미를 나는 모른다. 의미를 모르는 즐거움을 나는 사랑한다. 나는 자연의 선을 믿는다. 자연과의 만남 없이 어디에서 그리움을 치유할 수가 있을까. 눈 이야기를 하는 순간에는 나는 비정상이 되어버리기 일쑤다. 지나간 시간들을 내 몸속에 쌓아두고 눈 나리는 날이면 야금야금 꺼내 씹으며 하얀 정경이 나를 위해 창조되었다고 생각해 본다. 내가 살아있음에 이 극치를 볼 수 있다는 사실에 감사한다.

비 나리는 날

　낮고 우중충한 하늘에서 종일 비가 지적지적 나리고 있었다. 새 아침이 해 저무는 시각 같아서 온 집 안에 종일 불을 켜 두었다. 그런대로 마음이 차분한 하루였다. 별로 밝지 않고 조용한 시간이 홀로 있다는 외로움이나 격리감을 오히려 포근하게 감싸주었다. 맑은 가을날은 그대로 집에 박혀있으면 뭔가를 잃어버리거나 손해를 보고 있는 것 같다. 더하여 나만이 뒤떨어지고 있는 듯하여 좀 불안하고 안달이 난다. 가을을 통과하는 표적으로 들길을 한 번쯤은 거닐고 싶다는 생각인데 집에 웅크리고 있으면 자신이 무척 초라하고 무능하게 느껴진다. 나는 그만큼 가을을 의식하고 있다. 그러나 사실 가을은 이런 궂은날을 계기로 자취를 감추는 것 같다. 오늘은 가을이 먼 길을 떠나고 싶어 서성거리는 그런 순간이었다 함이 옳을 것이다.
　이런 날은 내 마음구석 저 깊은 곳에 숨어있는 기억들이 살며시

고개를 들고나온다. 어린 날 들었던 옛이야기가 생각나기도 하고 그때의 음식들이 생각나기도 한다. 나는 구 남매 중의 둘째라서 감히 어머니를 독점할 수 있는 처지가 못 되었다. 그래서 엄마와 단둘이 살고 있는 친구가 무척 부럽곤 했다. 마음속으로 엄마가 언제나 내 곁에 계시고 내 교복을 다독여 입혀주는 상상 속에서 살았다. 그렇게 어머니 곁을 소원하며 살았다. 우리끼리도 재미있을 때도 있긴 했지만 어머니가 계셔야 부엌이 따뜻해지고 일하는 애들도 생기가 났다.

우리 어머니는 평범한 시골 여자는 아니셨다. 학벌이 있어서도 아니고 명예를 가져서도 아니다. 자식들을 기르며 대가족을 진두지휘하는 촌부에 불과하지만 조금은 커다란 인물로 내 머리에 남는다. 언니는 큰 딸이라 매사에 어머니의 상담자였고 우두머리였으며 우리의 대장으로 권위나 힘이 대단했다. 그러나 둘째인 나는 어머니의 일을 크게 도운 것도 아니고 밑으로 동생들이 줄줄이 내리 일곱이었으니 아기를 보는 일을 도맡았을 뿐, 어머니 입장으로 나는 그렇고 그런 둘째 딸이었을 것이다. 단지 공부를 잘했기 때문에 칭찬이 들리면 그걸로 어머니의 자부심을 더욱 높여 주는 역할을 했을는지는 모르겠다. 어머니는 가끔 "동네 사람들이 네가 공부도 잘하고 달음질도 잘하고 반장을 하는 것은 부잣집 딸이라 그런다고 하더라. 부러우면 좋게 샘이 난다고 할 것이지. 보잘것없는 것들 쯧쯧쯧" 하시면서 두런두런하시던 음성이 지금도 내 귀에 살아있다. 어느 날은 내가 웅변대회에 도전을 했었는데 어떻게 어머니가 아셨는지 대문에 들어서자마자 네 말소리가 제일 똑똑하고 당당했다더라. 특별한 칭찬도 없이 던져지는 어머니의 말씀이 좀 기분 좋게 느껴졌을 뿐이고 상장 따위야 늘 받아온 것이니 별게 아니었다. 어머니 말씀 중 잊히지 않는 말이 있다. 남에게 좋은 일을 해주고 나서 입으로 생색을 내면 그 공이 다 없어진단다. 그러니 절대로 그 공을 입 밖에 내서는 안 된다는 것이었다. 나는 사는 동안 그 말을 지키려고 노력은 했었으나 잘 지켜졌는지 의문이다.

날이 날마다 큰 솥에 그득한 뜨거운 밥을 푸는 우리 집 밥주걱은 어른 손바닥 두 개를 합쳐 놓은 것만큼이나 컸다. 나는 다른 곳에서도 우리 집 밥주걱만큼 큰 주걱을 본 일이 없다. 한번은 밥을 푸시는 어머니 옆에 서서 "엄마, 우리 밥주걱은 너무 커서 힘들지?"
어머니는 그 더운밥을 푸시면서 이런 얘기를 해주셨다.

옛날 어느 부잣집 며느리가 큰 주걱으로 밥을 푸고 나니 주걱에 밥알이 잔뜩 묻어있었더란다. 마침 그때 거지가 와서 그 주걱에 묻은 밥을 훑어 먹게 해 달라고 애걸하는데도 며느리는 그 밥주걱을 구정물통에 점병 처넣어버려서 배고픈 거지는 그 밥도 얻어먹지 못하고 말았지. 그 후 그 부잣집은 삼 년도 못 가서 가난뱅이가 되고 말았단다. 그런 식의 얘기들을 끊임없이 들려주셨다. 그 며느리는 어리석었구나. 왜 가난해질 수도 있다는 것을 몰랐을까? 나는 골똘히 그 며느리를 질타하고 있었다. 그때 나는 가난을 동정하고 착하게 살아야 한다는 깨달음을 가슴에 심고 있었던 것은 아니었을까? 어린 마음에도 동정심을 갖지 못함은 부끄러움이라는 것, 죄라는 것, 그리고 그 뒤에 따르는 무서운 형벌이 있다는 것을 철저히 믿게 되었던 것 같다. 그것은 세상사의 이치인 듯했다. 그런 이치를 배운 대로 나는 착하게 살았던가, 할머니가 되어버린 나의 지난날들을 돌아보아도 내어놓을 만한 것이 아무것도 없다. 자랑스러운 것은 고사하고 잘한 것이 하나도 잡히지 않는다. 그냥 그렇게 보내버린 날들이 한없이 아쉽고 후회스럽다. 어쩌면 산다는 것은 그런 것이고 후회하는 것이 삶이라는 생각에 푹 빠져든다.

아직도 살 만한 세상

문학회 월례회가 있는 날이었다. 톨스토이의 작품 last station을 영화로 감상한단다. 공교롭게도 그날은 여러 가지 일이 겹쳐 있었다. 긴장 때문인지 자정에 자리에 들어서 새벽 4시에 눈을 떴다. 일찍 샤워하고 그럭저럭 분주하게 서둘다가 브런치 모임에 임했다. 2개월에 한 번씩의 만남을 눈이 온다느니 춥다느니 여러 이유를 붙여서 건너뛰고 반년만이었다. 달리는 세월의 흐름에 놀라면서 그간 만나지 못했음을 서로 안타까워했다. 나는 거기에서마저도 시간을 점검하며 곧장 치과로 직행해야 했다. 두 개의 임플란트 마지막 단계라서 이리저리 맞추느라 갈고 끼어보고 빼서 다시 조정하는 일을 반복하느라 머리가 욱신거렸다. 그대로 눕고 싶었다. 허나 월례회라서 인원수가 너무 적으면 강사 박사님의 맥이 빠질까 염려스럽기도 하고 불참하는 무성의는 예의가 아니라서 좀 무리라는 생각을 애써 접고 환한 여섯 시에 집을 나섰다.

어떻게 쓸 것인가 보다 어떻게 살 것인가를 고민했다는 문호, 인간에 대한 사랑과 믿음을 실천하고자 노력했던 그, 자기완성에 도달하는 과정을 성장이라 믿고 어떻게 후회 없이 살 것인가를 고뇌한 위인, 역시 톨스토이는 성인이었다. 질문 같은 깨달음을 거머쥐고 피곤을 견디며 참석한 것이 잘한 일인 듯싶었다.

9시가 다 되어서야 끝이 났다. 긴 여름 해가 질 무렵의 어둠은 더욱 급박하게 밀려왔다. 모두 술술 빠져나가고 거의 마지막 남은 몇 대의 차 속에 끼어 주차장을 빠져나왔다. 익숙한 길이다. 책 때문에 수없이 오가던 도서관 길이지만 이 근래 사오 년간은 거의 발걸음이 없었다. 도서관에서 나와서 일직선으로 북향하면 두 번의 좌회전 기회가 있다. 으슥하고 좀 한가한 길이다. 첫 번째를 놓치고 두 번째를 살피는데 어두워서 길이 보이지 않아 두 번째마저 놓치고 앞차를 따라 마구 달렸다. 활주로를 달릴 때 "아는 길인데"라는 생각을 한 후부터 나는 당황하고 말았다. 익히 알고 있는 길이지만 어둠 속이라 오리무중이었다. 어디쯤이라는 짐작을 하면서도 멈추지를 못하고 무진장 달렸다. 밤눈이 어두운 나는 결국 미지의 구렁텅이를 스스로 파고들어 가는 격이었다. 점점 낯선 지역이 펼쳐지고 머릿속은 완전 백지가 되고 말았다. 어느 큰길이었다. 좌회전인지 우회전인지 어느 쪽이 우리 집과 가까운 쪽인지 분별을 할 수가 없었다. 2차선 우편 lane에서 무조건 차를 세우고 문을 열고 나갔다. 나 때문에 멈춘 뒤차의 유리창을 두드리며 도움을 청했다. 반응이 시원찮았다. 더욱 큰 소리로 우리 집 주소를 불러대면서 그 방향을 물었다. 허나 이제 겨우 운전면허를 얻은 애들이 아닐까 싶은 그들의 표정은 무반응이었다. 바로 그때 left lane을 달리던 차가 멈추면서 큰 소리로 자기가 도와주겠단다. 난 그 차 쪽으로 쏜살같이 뛰어갔다. 그 여자 운전자는 이미 내가 뒤차에 불러댄 우리 집 주소를 듣고 자기 셀 폰에 입력을 한 후였다. 아들인 듯한 어린 소년을 자기 집에 내려놓고 안내해줄 터이니 자기를 따라오란다.

구세주를 만났구나. 이 밤중에 생판 모르는 남을 위하여 귀한 시간과 노력을 할애하겠다는 그에게 가슴 떨리는 감사함을 새기며 그의 뒤를 따랐다. 앞차를 놓칠세라 초긴장이었다. 크고 작은 여러 길을 이십여 분쯤 달리다가 어느 곳에 차를 세우고 그는 차에서 내렸다. 나도 내렸다. "여기가 당신 집이에요?" 나는 뚜래 뚜래 굼실거리며 우리 집이 아니라는 듯한 제스처를 한 듯싶다. 깜깜한 어둠 속에서 우리 집을 나는 몰라버린 것이다. 지나치게 긴장한 나머지 빚어진 착시현상이었을는지도 모른다. 그 여자는 금방 싸늘하게 말투가 변해버렸다. 당신이 그토록 외치던 주소가 당신 집 주소가 아니란 말예요? 나는 그때 처음으로 그 젊은 백인 여자의 얼굴을 어둠 속에서나마 볼 수 있었다. 한참을 두리번거리다가 메일박스 옆에 세워놓은 낯익은 쓰레기통이 눈에 들어왔다. 마치 쓰레기 수거일이라서 쓰레기통을 길 쪽으로 내놓은 것이다.

바로 우리 집이었다. 이웃보다 유난히 넓은 우리 파킹 낫으로 호기룹게 차 머리를 돌리며 버튼을 눌러 가라지 문을 열었다. 드디어 구세주는 나를 믿었다. 그제야 나는 내 셀폰이 생각났다. 폰을 꺼내서 전화번호를 찍어 달라 부탁했다. 그는 셀폰 이용을 거부하고 종이에 써 주겠단다. 그는 내가 동양인임을 확인하고 중국인이냐고 물었다. 한국인이라 했다. 자기 남편이 중국인이라 자기 이름은 '줄리 왕'이라고 자기소개를 했다. 어린 시절 동네 귀염둥이 악동들이 "비단장사 왕 서방 명월이한테 반해서 짝짝짝" 박수 장단을 치며 부르던 익숙한 이름 왕 서방, 그 왕 씨의 부인이 나를 도와주다니. 나와 동류인 황인종과 사는 백인 부인은 이미 동양인이 되어 내 심장을 달콤하게 조여오고 있었다. 줄리 왕이라는 선행자는 인종을 구별하여 남을 도울 리 만무하지만 그가 동양인의 부인이라는 사실이 더욱 가깝게 느껴짐은 웬일일까. 남의 어려움을 감싸주는 영혼의 표정을 어루만지는 듯 내 가슴이 찡했다. 사랑의 본질은 이런 것이 아닐까. 줄리 왕 같은 선행자가 있으니 아직 세상은 살 만하지 않은가 말이다. 세상은 결코 어둡고 비관적이지 않다. 떠오르는 햇살 같은 대망이 있다. '줄리 왕'이 오래 기억될 것 같다.

저녁이 내릴 무렵

햇살이 지쳐 보이더니 밤이 내려온다. 밤을 품은 해가 어둠을 낳고 있는지 벌써 어둑어둑하다. 늦게 잡고 되게 치면 어떻게 되는 거지? 그럭저럭 낮을 느슨하게 보내고 밤이 오면 낮을 허술하게 보낸 죄를 감당하느라 안절부절못한다. 특히 긴 여름 낮을 보내버리고 나서 따갑게 느껴지는 안타까움이다. 불안 같은 거야 언제나 내 속에 존재하는 것이지만 말이다. 오늘이 가면 내일이 오고 내일은 또 내일을 낳는다. 그래서 내일은 영원한 것이란다. 하지만 시간을 낭비한 후에는 반드시 통증이 온다.

컴퓨터 앞에서 무언가를 써 보려고 앉았는데 이상한 냄새가 스며든다. 낯익은 냄새인데 어디서 오는 것일까? 머리에 살고 있는 생각과는 거리가 먼 냄새다. 즐거운 냄새이며 익숙한 냄새인데 도저히 그 정체를 알아낼 수가 없었다.

더욱 난감한 것은 그 냄새가 무슨 냄새인지를 모른다는 것이었다. 냄새의 출처를 알아야 할 이유도 없고, 알아도 그만 몰라도 그만인데 왜 그 출처를 알고 싶은 것일까. 뒷집에서 웅성거리는 소리가 들리더니 그 집에서 난 듯싶었다. 한참 후에야 불에 무언가를 구울 때 나는 냄새라는 것을 깨우쳤다. 불 냄새가 풍기는 구수함, "구수하게 요란을 피우시네요." 혼자 말을 뱉었다. 나를 마구 끌고 가는 냄새에게 한마디를 던지고 나니 더 이상 서재에 앉아 있을 수가 없었다. 그 냄새는 나를 가만두지 않았다. 한마디로 말해서 견딜 수가 없어졌다.

이건 분명 모닥불에 옥수수를 구운 냄새야. 그 출처를 찾아내기까지 얼마를 헤맸지만 알고 나니 그것은 그리움이었다. 나에게 있어 그 구수함에는 고향이 따르고 어린 날이 있고 먹을거리가 나오고 장난질이 있으며 웃음이 등장한다. 이런 내음이 어떻게 8만 리 밖 이 미국 땅, 더더구나 '시카고'라는 대 도시에서 어둑어둑 저물어 가는 시간에 너울거리는 것일까. 하찮은 것이 옛 기억을 신나게 몰고 온다. 흔하디흔한 한 줌의 향이 과거를 재생시켜준다는 사실이 신기하고 흥미로웠다. 그러나 뒷집에서 옥수수를 굽고 있는 사람들의 얼굴을 나는 모른다.

이렇게 모르고 살아도 되는 것인가? 난 이 집에서 삼십 년 하고도 오 년을 더 살았고 뒷집은 옛 주인이 떠나고 언제쯤 이사 들었는지 모르겠으나 십 년은 훨씬 넘었을 성 싶다. 우리 두 집은 서로 등을 마주하고 있다. 뒷집과의 사이에 하늘을 찌른다는 호들갑스러운 말이 어울릴만한 큰 나무 열 그루가 줄 서 있으니 물론 얼굴은 볼 수 없다. 이렇게 이웃과 금을 긋고 사는 게 이 땅의 풍습이라 불평이나 부자유스러움은 전혀 없지만 때로는 삭막하다는 생각이 없는 것은 아니다. 볕 좋은 봄날이면 뒷집은 그들대로 뒤뜰에 의자를 내놓고 즐기는데 웅얼거리는 소리가 영어 같기도 하고 불어 같기도 하다. 여기 사람들은 대개 영어와 본국어를 뒤섞어 쓰는 경향이 있다. 우람한 나무가 울타리 되어 있어도 행여 한국어가 들렸다면 소통 인사는 했을 것이다. 곁에 있어도 역시 서양인과의 내적 거리는 멀다. 때로 우리 말소리도 울을 넘고 우리 집 갈비 냄새도 그 집을 방문 했을 것이다. 냄새나 소리는 서로 경계를 넘나드는데 정작 눈 마주하고 웃어야 할 만물의 영장들은 이렇게 멀어야 할 이유가 어디에 있을까?

인간의 삶을 가장 행복하게 해주는 조건은 부도 명예도 아니고 가장 좋은 인간관계라는 생각이 자꾸 들곤 한다. 그리워하는 관계보다 더한 아름다움이 어디에 또 있을까? 대학 졸업 후 같은 학교에서 근무한 후배가 죽기 전에 꼭 만나보고 싶은 사람으로 나를 꼽았다고 풍문으로 들었다. 이 가을에는 그 후배를 기적처럼 어디에서라도 만날 수 있었으면 좋겠다. 한국에 살고 있는 그를 이 미국에서 어떻게 만날 수 있을까마는 터무니없는 망상이라도 좋다. 이 가당찮은 꿈을 꾸고 사는 게 인간이니까. 나는 나의 이런 어리석음을 스스로 사랑한다. 만일 만난다면 무얼 얘기할까? 몇 십 년을 못 만난 사이이니 천지 차이로 변해버린 외모에 서로 놀라겠지. 사랑을 이해할 수는 없으나 사랑할 수는 있다는 말처럼 무엇이 우리를 만나고 싶게 만들었는지는 몰라도 만나서 반갑고, 만나버려서 후련하다고, 행복하다고 말할 것 같다. 생각만으로도 서리 내린 겨울 아침 메마른 입 속으로 따뜻하고 부드러운 녹두 미음 한 컵을 마시고 있는 것처럼 마음자리가 호사스러워진다.

카톡에만 적혀진 이름

비위가 많이 거슬렸다. 그러나 그냥 관심을 끄기로 했다. 매년 크리스마스가 오면 간절히 생각이 났지만 그냥 그대로 몇 해가 흘렀다. 왜 소식을 끊자 했을까? 끊자고 한 이유라도 따져야 했고 그가 카드를 보내지 않더라도 나는 보냈어야 하지 않는가? 작년이었던가, LA의 그가 살고 있다는 지역을 차로 달리면서 가슴이 아팠던 일이 생각난다. 나는 그간 생각날 때마다 전화를 해도 한 번도 받은 바가 없었다. 이번이야말로 마음먹고 소통을 시도했다. 메시지를 남겼다. 2~3일 후에 어느 남자가 자기 집에 전화를 한 일이 있느냐고 물어왔다. 모르는 사람이기에 아니라고 강하게 부인을 한 후 한참 생각해 보니 그 영어 발음에 한국인 엑센트가 있었다. 혹 송희의 남편이 아닌가 하여 다시 전화를 했다. 혹시 Dr.OO가 아니냐고 물었더니 그렇단다. 송희를 바꾸어 달랬더니 잠깐 기다리라 하고 전화가 끊어져 버렸다. 아마도 송희는 그 자리에 없는 것인지도 모른다는 생각,

하늘나라로 간 지 오래되지 않았을까 하는 생각이 들었다. 어쩜 카드 교환을 거부할 때 이미 문제가 일어났을는지도 모를 일이다. 상황판단에 어두운 내 어리석음이 안타까웠다. 나는 이번에 마지막으로 이런 카톡을 남겼다. "이 문자에 답이 없으면 네가 하늘나라에 있다고 믿을게" 답이 없다. 떠났다고 믿어야 함이 옳은 것일까? 그의 남편은 그가 하늘로 가 버렸다는 사실을 나에게 말하고 싶지 않아서일 것이라고 해석해본다. 차라리 모르는 게 낫다고 생각하면 너무 허망하고 아니라고 부인하면 카톡에만 적혀있는 이름이 되고 만다. 모든 것을 내 짐작으로만 결론짓는다면 이건 옳은 일이 아니다.

송아 너 지금 어디에 있니? 하늘에 있는지 땅에 있는지를 묻고 있다. 대답해 줘.

우리는 하이틴에이저였을 때 만났었다. 학연으로 만난 것도 아니고 동향도 아니다. 우리를 만나게 해준 언니가 중간에 있었다. 우리는 만나면서부터 그는 나를 언니라 불렀고 우리는 무척 가까웠다. 송희는 여자만 다니는 대학에서 약학을 전공한 약사다. 유학생 남편의 초청으로 나보다 서너 해 먼저 미국에 왔고 나 또한 유학생 남편 초청으로 그보다 늦게 미국이라는 땅에 왔다.

그의 남편은 대단한 수재로서 미국에 온 지 2년 만에 공학박사 학위를 땄다. 거짓말 같은 쾌거였다. 학위 취득 후 UN기구 사업체에서 일을 하는 중 그가 발표한 많은 논문을 보고 유명한 대학의 교수로 초청받기에 이르렀다. 단 한 번 교단에 서본 일도 없는 그를 정교수로 모셔갔다면 그의 학문적 능력이 얼마나 탁월했는지를 짐작할 수 있다. 미국에서 특허권을 딴 것 만도 7개에 이른다. 송희 남편은 자기는 눈 째지고 키 작고 노랑 둥이 동양인이지만 미국에 와서 하세를 받거나 따돌림을 받아본 일은 단 한 번도 없었단다. 허나 한국에서 고학생 시절 신문을 보고 교통비가 없어서 다 떨어진 신발로 두어 시간씩 걸어서 가정교사 자리를 찾아가면 전라도 사람이라고 문전박대를 받던 지긋지긋한 조국이 하나도 그립지 않다고 한단다. 세상에 미국처럼 신사적인 나라는 없다는 것이 그의 주장이란다. 손바닥만 한 나라에서 지역 나눔이라니 가소로운 일이라고 늘 개탄한다는 얘기를 송희를 통해 들었다.

또한 그의 아들은 대학까지는 미국에서 공부했으나 그 이상은 새로운 학풍에 접해보고 싶어서 박사학위는 영국에서 하기로 하였단다. 처음 등교하던 날 지도교수로부터 대학원에서 교재로 공부할 논문 한 편을 받아보니 바로 자기 아버지의 논문이더라는 것이다. 난 그 말을 들었을 때 내일이나 된 것처럼 한국인으로서의 자부심으로 찌릿한 전율을 느끼기까지 했었다.

우리는 전화로 끊임없는 대화를 하고 살았다. 그가 집을 새로 짓는데 메스터 룸을 어떻게 하고 발코니를 어떻게 한 것이 좋겠다는 등 전화로 별의별 상의를 하느라 긴 시간을 할애하며 살았었다. 비행기를 타고 가야 할 먼 거리이기는 했으나 이상한 것은 그렇게 대화를 나누고 살면서도 서로 오라든가 간다든가 하고 만나자는 계획이 없었으니 대면할 기회가 없었다. 우리 가족은 여행을 즐기며 사는 편인데도 말이다. 장거리 여행으로 얼마든지 만날 수 있었는데 그 이유를 설명할 길이 없다.

연말에는 긴 사연을 쓴 카드를 주고받으며 즐거웠다. 그러나 서로 선물을 주고받는 일은 하지 않았던 것 같다. 송희 아들은 자기 아빠와 경쟁이라도 하듯 2년 만에 박사학위를 받고 영국에서 돌아왔다는 이야기를 들었다. 영국에서 얼마나 열심히 머리를 쓰고 공부했던지 "엄마 나 맥도날드 같은 데 가서 햄버거 만드는 일 좀 해볼까. 머리 좀 쉬게" 하더란다. 그 말이 나에게는 무척 인상적으로 남았다. 심하게 머리를 혹사시키고 나서 머리 쓰지 않는 단순노동이 그리워지는 심정, 너무 당연하다.

어느 해든가 크리스마스카드를 교환한 후 전화로 "언니 카드를 주고받는 일 이제 그만 합시다. 좀 질리잖아요. 했다. 난 좀 당황하면서도 그런 제안을 하는 것이 확 속이 상해서 그러자고 동의했다. 왜 저렇게 냉정해졌을까, 살다 보면 심성이 변할 수도 있는 일인가, 라고 중얼거리며 섭섭함을 금할 수가 없었다. 어쩌면 나는 그렇게 말하는 송희에게 내심 상당히 실망했다. 그 후 내가 카톡을 만들었었다. 생각이 나면 카톡에 몇 마디를 써 보내도 답이 없었다. 전화로 왜 카톡 답도 안 주느냐 물으면 받은 바가 없다 했다. 점점 나는 미로로 이끌려 간 듯했다. 이혼이란 단어가 있긴 하나 나이로 보나 무엇으로 보나 그런 해석은 그들을 모욕하는 용어이다. 하늘나라로 향하면서 나에게는 그렇게 알리고 싶지 않아서였을까? 나는 지금도 카톡에서 송희라는 이름을 지우지 못하고 있다. 이제 와서 생각해 보니 내가 알고 있는 번호는 집 전화였을 것만 같다. 그렇다면 내가 만든 카톡이 전달되지 않았을 확률이 높다. 결국 내가 만든 카톡은 나의 송희가 아닌 다른 송희일 수도 있다. 잊어버리자면서도 잊지를 못한다. 잊히지 않아서 못 잊는다. 잊지 못하는 일이 바로 이런 사연이다. 만나고 싶다 보고 싶다. 어디에 어떻게 존재하는지. 천국에 있는지 지상에 있는지….

5부

5월이고 싶다

　5월은 어디에 두어도 푸르다. 무슨 말로 두근거리는 초록을 은유할 수 있을까. 나는 아직도 이달에 버금가는 단어를 찾지 못하고 있다. 누군가를 위해 뜨겁게 푸르기를 바라는 5월의 뜻을 그럴싸하게 표현할 수가 없음이 안타깝다.

　풋풋하게 피어오르는 풀밭을 걸으며 초록의 기억 때문에 나는 아직 젊음을 안고 있는 듯하다. 이달은 더 짙푸를 절정을 앞에 두고 있어 여유가 있다. 바람도 햇살도 내가 모르는 그들만의 언어가 있는 것 같다. 야들한 풀잎들의 사연을 어쩌면 나는 알 것 같기도 하다. 흥겨운 축제를 준비하고 있는 들뜸을 꿈속에서까지 느끼게 하는 달임에 틀림이 없다.

　내 젊은 날은 교복 입은 소녀들을 가르치는 선생이었다. 설명하는 일이 흥미로웠던 나로서는 교직이 내 천직인 양했다. 나는 지금 오래전의 세월 속으로 마음의 여행을 하고 있다. 명문교로 유명세를 치르고 있는 그 학교 교정에는 상당히 넓은 등나무 그늘이 있었다. 오월이면 보라색 등나무꽃이 포도송이처럼 주렁주렁 매달렸었다. 매년 5월은 25일의 개교기념일 행사 준비에 전교생이 들뜨는 달이기도 했다. 나는 그 무렵이면 어김없이 보라색 등나무꽃이 그려진 천으로 지은 투피스 양복을 입었었다. 부드럽고 매끄러운 질감 위에 곱게 그려진 연보라색 등나무꽃, 그 옷은 내 젊은 날의 심벌로 기억에 남아 있다. 등나무 그늘은 꼭 나만의 자리인 양했다. 생명이 발하는 어떤 신비함과 교감을 하는 듯하여 혼자 오래 앉아 있곤 했다. 무슨 일이나 지시만 하면 완전무결하게 완성해내는 명석한 부반장, 칭찬하면 수줍은 미소로 참한 자기를 꿀컥 삼키는 듯하던 소녀, 그리고 초등학교 교과서에 그려진 삽화처럼 예쁘고, 가만히 눈을 들여다보면 귀한 보석 같다는 생각을 들게 하는 반장이 옆에 와 앉는다. "목련꽃 그늘 아래서"를 부르면 나는 그들과 똑같아졌다. 약간 유치한 미성년자가 되어 즐거웠었다. 내 상념 속에 두 소녀의 실루엣이 어른거린다. 나는 지금 해일처럼 밀려오는 그리움으로 그날들을 회상하고 있다. 그들은 각기 실팍한 사업 인으로, 훌륭한 의사로, 그 누군가의 아내로, 어머니로 멋지게 살고 있다고 들었다. 지금 혹 어느 길에서 스친다 해도 알아볼 수 없을 것 같다. 얼마나 변해 있을까 궁금하기 그지없다.

하얀 칼라가 눈부신 교복 차림의 단발머리 소녀들을 단상에서 내려다보았을 때의 빛나던 얼굴들, 3천 명에 가까운 중고등학생들의 매스게임을 지켜보노라면 그 유연하고 율동적인 동작의 통일미에 나는 자꾸만 눈시울이 뜨거워지곤 했었다. 아름다움의 극치를 만났을 때 울 수 있는 것은 인간의 우월성일 것이라는 분석을 해 가면서 말이다. 그들은 가을 하늘 아래 무리를 지어 핀 코스모스 같았다. 그래서인지 내가 가장 좋아하는 꽃은 코스모스다. 여기 미국이야말로 상상을 불허하는 어마어마한 규모에 완벽한 동작으로 관중을 매혹시키는 쇼가 많다. 그런 쇼를 대할 때마다 나는 감탄을 했을지언정 내 학생들의 매스게임을 볼 때처럼 목이 메어 본 적은 없다. 젊은 날 나에게는 내 제자들에 대하여 어떤 혈연 같은 애착을 가지고 있었던 것 같다.

5월의 서기가 산뜻하게 가슴에 차오른다. 이름 모르는 들풀들은 그 나름으로 풋풋하다. 돌보지 않아도 자기 철을 찾아 사는 끈질김이 갸륵하다. 나는 자연을 읽어내는 민감한 감각을 지닌 것은 아니지만 그들의 약동하는 생명에의 불꽃을 보는 순간은 가슴이 벅차다. 나는 가버린 세월에 대한 그리움을 해지하고 싶지 않다. 지금은 세월에 밀려 생활의 더께 밑에 숨어있던 것들이 기지개를 켜는 순간이다. 신산한 생활의 조각들을 푸른색 엽록소로 분해해 버리고 싶다. 인간이라는 우수한 지적 동물의 환희와 고통까지 아우른 원초적 삶에 대하여 경의를 표하고 싶다. 웃음과 눈물을 섞어가면서 땀 흘린 세월도 있었지. 그 혁혁한 날들은 보내버린 것이 아니다. 그런 과정이 오늘의 나를 잉태해 주었기에 나는 그런 날들을 아직도 품고 있다.

5월은 햇볕만 쨍그랑하는 계절이 아니고 정상에서 열정을 토하는 한여름으로 가는 길목이다. 내가 거기 존재함으로써 한 편의 글을 쓰게 하고 있다. 정상만이 최고의 것은 아니다. 상봉으로 가는 길섶에서 정상 너머의 정상을 보는 것이다. 인간의 내심 갈피 갈피까지 싱싱하게 물들이는 계절이기에 나를 들뜨게 한다. 인간의 본능 안에 잠재하고 있는 잔인함이나 파괴성을 확인해야 하는 아픔이나 쓸쓸함 같은 것을 까맣게 잊게 하는 계절이다. 5월은 불멸의 것을 간직하고 싶어 한다. 시대의 어수선함이나 세대의 변천 같은 것도 생각지 말자 한다. 매년 단 한 번 만날 수 있는 것으로 지어놓은 5월을 노래하자.

언어의 틀에 미처 담아내지 못한 내심을 쓸어내린다. 나는 이렇게 이 알곡 같은 추억을 싹 틔워 이 계절을 누리는 중이다. 이때면 생각나는 수많은 나의 소녀들을 향하여 메아리를 보낸다. 그날들을 멈추게 하지는 못했으나 기억으로 나는 그때를 지니고 산다. 오늘 하루도 지울 수 없는 소중한 내 인생의 한 토막이다. 옛 기억이 소복하게 살아나고 있으니 이런 그리움은 신이 나에게 나린 선물이라 믿는다. 순수한 진실은 신의 것이라 한다. 보랏빛 등나무 그늘이 가져다 준 기억은 결코 우울해질 수 없는 생활의 원동력을 실어다 준다. 나는 이렇게 지나간 일을 쓰듯이 또 미래를 쓸 것이다. 인문화할 수도 없고 애완할 수만도 없는 철저한 자연의 이치 속에서 과거를 어루만지며 사는 삶이야말로 축복이리라. 나는 햄버거가 넘쳐나는 '미국'이라는 땅에 정착한 지가 수십 년이다. 남의 땅이라 생각되던 땅이 어느새 내 땅이 되어버렸다. 꼬부랑말을 들으면서 디아스포라로 살고 있는 옛 선생의 마음자리를 썼다. 바다에서 막 건져 올린 청파래처럼 윤나는 머리에 반짝이는 핀을 꼽고 다니던 꽃 같았던 나의 소녀들과 함께 5월의 들꽃이고 싶다. 5월보다 더 5월이기를 바라는 마음, 뿌리까지 5월이고 싶다.

수다 예찬

그러니까 2014년 3월1일 대학원 입학식 날이었다. 축제가 끝난 후의 들뜬 기분에 흠뻑 젖어있는 학교 근방 맥주집이었다. 그 학교의 전용 식당 같은 친근함이 물씬거렸다. 사십 년 만에 접해보는 한국 특유의 분위기였다. 사실 나는 간절히 그런 분위기에 취해보고 싶었다. 가만히 홀을 들여다보니 홀의 저 옆쪽 테이블 중간쯤에 김 교수님이 앉아계셨다. 어떤 실수도 경험해보지 않으신 듯한 반듯한 자세로 편한 분위기를 연출하고 계셨다. 초면은 아니었다. 그런데 어딘지 새로 부임하신 교수님 같다는 기분이 들었다. 나는 미국에 살고 있는 디아스포라인이다. 열네 시간의 비행으로 찾아온 이방인이 앉을 자리는 신임 교수님 옆이라는 지혜가 앞장섰다. 나는 무턱대고 교수님 옆자리에 살포시 앉았다. 그리고 시카고에서 왔노라고 내 소개를 했다. 이상한 끌림이었다.

자상하실 것 같은 신임 교수님 옆에 앉으면 한국 사정에 꽉 막힌 나를 좀 보호해주실 것 같은 생각에서였다. 그 자리에서 교수님은 대학원생을 위한 '수다 예찬'이라는 시 세미나 방을 개설했다고 말씀하셨다. '수다 예찬'이라는 이름을 듣는 순간 그 이름이 휙 날아들어 내 머리에 꽂혔다. 눈을 크게 뜨고 한바탕 신나게 웃고 싶을 정도로 흥미로운 이름이었다. 여자들의 전용어인 듯한 수다를 예찬하다니. 예찬받아야만 직성이 풀리는 억센 아낙들의 웃음소리가 들려오는 것 같았다. 잘 차려진 음식상 앞에 앉은 것처럼 입맛이 당기는 이름이었다. 무언가를 말하고 싶어서 입이 좀 스멀스멀했지만, 속내를 감추고 다소곳하게 앉아서 역시 문학을 한다는 것은 멋이 있는 일이야. '수다 예찬'이라는 명칭이 해학적이고 반어적인 의미가 어울려서 기발하다는 생각에 갈채를 보내며 여러 가지 상상력을 동원해가면서 그 이름을 되씹고 있었다.

문학의 세계에는 보통 사람들이 넘볼 수 없는 그 무엇이 있거든. 내가 문창과를 하고 있다는 사실이 새삼스럽게 자랑스러웠다. 더하여 내가 그 범주 안에 있다는 사실이 어떤 안도감으로까지 다가왔다. 그럴듯한 시 강의를 들을 수 있겠다는 기대가 나를 충동이고 있었다. 그러나 대학원 강의가 시작되면서부터 리포트 쓰는 데 시간을 바치느라 정신을 차릴 수가 없었다. 아직도 공부할 날이 요원하다고 책을 안고 설치는데 어느덧 졸업할 때가 됐다고 했다. 대학원 졸업 때 가장 서운한 것은 더 이상 리포트를 쓸 기회가 없으리라는 것이었다. 그때야 수다 예찬 세미나가 생각이 났다. 이제 시간이 있으니 목요 세미나, 비평과 상상 등 모든 세미나에 들어갈 작심을 하고 먼저 수다 예찬 방에 살짝 들어가 앉았다. 교수님이 깜짝 놀라셨다. 교수님께서 놀라시는 것을 보고 졸업생들이 들어오는 경우가 드물다는 사실을 눈치챘다.

 그로부터 쑥대밭에 말라가는 잡초 같은 시를 잔뜩 늘어놓은 나의 기존 시작 노트를 걷어치우고 그 시간에 다룬 모든 작품에 대한 교수님의 자상한 시평을 하나하나 받아쓰기 시작했다. 어느 날은 노트에 코를 박고 정신없이 설명을 받아 적고 있으려니 내 머리 뒤통수만 영상에 보였던 모양이다. "주숙녀 씨는 잠만 자고 있군요." "네? 교수님의 기침 소리만 빼고 설명을 몽땅 받아쓰고 있는데요." 반짝한 빛처럼 금방 지나가는 설명을 재빨리 훔쳐 잡아야 하는 나의 분주함을 아실 리 만무하다. 수다 예찬은 선물이었다. 대가 없이 받는 진귀한 보석이었다. 나는 2016년 가을에 시작하여 2023년 오늘에 이르기까지 꾸준히 참여하고 있다. 교수님은 외국에 나가실 때를 제외하고는 결강도 없으시고 단 한 번의 지참도 없으셨다. 시계처럼 정확하시고 선명하시다.

 시의 언어와 산문의 언어를 일러 주셨다. 이미지를 새로 창조하라, 시는 사건을 이야기한 것이다. 본 것을 관념적으로 만들면 시적 사건이 아니다. 시각으로서가 아니라 대상과 나 사이에서 인생사의 철학이 생겨나도록 해야 한다. 자연의 기기묘묘한 상황을 예찬하는 데는 언어가 부족할수록 행복하다. 언어로 표현할 수 있는 것은 행복하지 않다. 시는 대상과 내 오감과의 교감 속에서 탄생한다. 고대에는 삶과 시가 다른 것이었다. 현대는 삶과 시가 가깝다. 시의 의미로는 충실했지만 멋 부리는 것 같은 기분이 느껴진다면 실패다. 시를 삶으로 끌어들여야 한다. 가공이 없는 시야말로 긍정적이고 내용이 풍요롭다. 오늘 듣고 내일 잃어버릴까 염려스러워 늘 샅샅이 기록한다. 섬세한 관찰과 땀 어린 사랑으로 뼈끝까지 만져 주듯 설명해주시는 교수님의 성심에 늘 감동하면서 들었다.

가장 전문적인 문학 용어로 또는 평범한 비유로 피력하시는 설명을 듣고 있으면 머리가 환해진다. 이런 금쪽같은 기회를 포기하는 어리석음을 범하지 않으려고 나도 여행 기간 외에는 불참한 일이 없다. 나는 그 평이 누구의 것이던 오롯한 내 몫으로 간주한다. 이것은 분명 노다지다. 침묵을 지키고 앉아서 감로수 같은 강의를 들으면서 모든 이득을 독차지하는 얌체 노릇을 해도 무방한 공부방이다. 침묵만 지키고 있다고 나무라는 일도 없다. 나는 내 시가 대단하지 않아도 좋다. 많이 부족해도 강의를 듣는 그 시간이 행복하다는 데 의미가 크다. 나는 내 힘으로 참여할 수 없을 때까지 그 자리를 지킬 것이다. 나의 존재를 느끼게 하는 시적 유혹이 있고 나를 깨어있게 해주기 때문이다. 교수님의 강의는 유익한 마약이라는 사실을 믿기만 해도, 발전의 진동이 들린다고 강조하고 싶다. 우리의 수다 예찬 방에서는 늘 웃음소리가 수다스럽다. 나는 예찬하리라. 그리고 기뻐하리라. 그리고 모름지기 성장하리라. 나는 지금도 어떤 가능성을 믿으며 꿈을 꾼다.

버리고 비워라

"모든 것을 버리고 비워라."라는 말이 언제부터인가 내 귀에 크게 들려오고 있었다. 버리고 비운다는 것, 얼른 듣기에는 그럴듯하고 쉬운 일인 듯하나 무척 어려운 일이라는 생각이 들곤 했다. 그런 말을 쉽게 하는 사람들이 존경스럽기까지 했다. 버리면 비워지겠지만 나는 버리기를 싫어한다. 형이상학적인 견지에서건 형이하학적인 것에서건 나에게는 매우 어려운 일이다. 특히 책일 경우 더 말할 나위가 없다. 우선 큰 집부터 정리해야 하고 다음은 어떻고 등등 이론도 가지가지였다. 나이 따라 살림 정리하는 일은 현명한 처사임에 틀림이 없지만 나는 왜 실천을 못 하는 것일까. 문제였다.

서재의 책장이 무너져서 바닥에 눕혀 놓은 책들을 생각하면 자다가도 책들에게 미안했다. 또 지하실 코너방에 쟁여둔 책을 어떻게 해야 할 것인가. 그 외의 가구며 그릇이며 옷이며 무엇이건 철없이 모았던 것 같다. 이젠 모든 것을 버리고 정리를 해야 할 단계라는데 그중 단 하나도 버리고 싶지 않으니 이를 어쩌란 말인가. 삶 속에 녹아있는 환희를 찾아서 모았던 것들이다. 나의 삶이 생생하게 숨 쉬고 있는 것들을 버려야 한다니 어려운 일이다. 나는 미련에 얽매인 답답하고 융통성 없고 탐욕스럽고 거기에 과단성도 없는 사람이라는 것 이미 잘 알고 있다. 스스로를 아끼고 사랑해야 한다는데 내 단점이 앞을 가려 나를 사랑하기 이전에 흠이 될 만한 것들만 둥둥 구름처럼 떠오르곤 하니 어쩌란 말인가.

모처럼 연극을 보러 간다고 나섰는데 비가 나리기 시작했다. 4월 말이면 분명히 봄이다. 그런데도 봄비는 아니었다. 정감 있게 뿌려주는 꽃비와는 거리가 멀었다. 연인들의 속삭임 같은 비였으면 얼마나 좋았을까. 모처럼의 나들이였는데 돌아오는 길은 어두운데다 설상가상으로 소나기처럼 퍼붓는 빗속 운전을 하느라 큰 변을 당할 뻔했으나 무사했음을 감사했다. 집에 들어온 즉시 더운물에 푹 담갔다가 죽은 듯이 잠이 들고 말았다. 그리고는 그날의 폭우 사건은 까맣게 잊어버렸다.

다음다음 날 인연이라는 소재로 늘 떠오르는 것을 써 보려고 컴퓨터 앞에 앉았다. 순간 생각나는 책이 있어서 지하실로 내려갔다. 지하실의 하얀 카펫이 깜짝 나를 반기는 듯 환했다. 코너 책방으로 살포시 들어서니 양말 신은 발이 물먹은 스펀지 위에 선 듯 푹 젖어버렸다. 깜짝 놀라서 바닥에 쌓아놓은 책 다발들을 살펴보았다, 모두 물속에 앉아서 원망스러운 얼굴로 나를 쳐다보고 있지 않은가. 발

디딜 틈이 없게 쌓인 책들이 좁다고 늘 아우성치는 소리가 들리는 듯했지만 모르는 척했었는데 이젠 젖어서 더 못 견디겠다는 애처로움이었다.

밤새워 쓴 내 분신 같은 리포트를 연도별로 묶어서 간직한 뭉치들이 완전히 젖어버렸다. 책을 읽을 때마다 주요 부분이나 특이한 단어들을 모아놓은 노트 스물아홉 권도 폭삭 젖어있다. 가슴이 사정없이 내려앉았다. 그들은 이미 생명줄을 놓아 버린 지 오래인 것 같았다. 여름이라면 벌써 불쾌한 냄새가 났을 법했다. 더 기다릴 수 없었다. 급히 책들의 장례식을 치러야 했다. 폭우가 쏟아지던 순간에 썸프 작동이 멈추었던 모양이다. 와락 울음 같은 것이 목울대를 꽉 쪼였다. 드디어 우리가 헤어져야 할 시간이다. 말끔히 그들을 버려야 할 때이다.

어차피 인연을 끊어야 하는데 내가 보내주지 않으니 폭우가 데리러 온 것일까.

비를 통하여 이별을 설득하고 있는 것이라는 생각이 들었다. 만일 이 책들이 젖지 않았다면 나는 절대로 버리지 못했을 것이다. 웃지 못할 아이러니지만 젖어서 버릴 수밖에 없게 되어버린 것들이 바로 내가 받은 귀한 선물이라 느껴졌다. 날 것 그대로를 보내는 일보다 젖은 것을 보내기는 훨씬 쉬웠다. 담담한 마음으로 흠뻑 젖은 것들을 대형 검은 비닐봉지에 하나하나 집어넣었다. 내가 만난 삶의 실체를 소환하여 '안녕'이라고 일컫고 있는 내 모습이 바로 울고 웃는 모습이었을 것이다.

미련 많고 마음 약한 나를 이런 섭리로 구원해준 봄의 장대비에 감사했다. 미지의 무엇이 성숙하지 못한 나를 이해하고 비의 사건을 만들어 감당하게 해주었다고 믿고 싶다. 섭섭함 없이 편안하게 사랑하는 것들을 보내게 해준 폭우 사건에 절하고 싶기도 했다. 앞에 놓인 당위성에 동조하며 비움이 있는 충만이 무엇일까를 생각했다. 아끼던 것들을 사무치는 아픔 없이 보내고자 하는 내 약삭빠른 마음터에서 악취가 난 것 같았다. 끝으로 고백할 것이 하나 있다. 버려야 할 것들을 태연하게 보내면서도 가슴 한 귀퉁이에 찌릿찌릿한 아픔이 전혀 없는 것은 아니었다고.

내일을 준비하는 하늘

시카고를 눈 고을이라고들 한다. 뿌연 하늘을 멀거니 쳐다보면 가루눈이 허공에 뜬 듯하다가 긋고 있다. 분명히 눈발이다. 나려도 눈에 잘 띄지 않는다. 정체를 살짝 감추고 싶은 것일까. 분명히 내일을 준비하는 하늘이다, 주먹눈, 더벅눈, 함박눈, 싸락눈 등 이름이 그리 많은데 오늘 나리는 눈에 붙여줄 이름이 마땅찮다. 하필이면 먼지 같은 눈이라니. '분가루 눈'이라는 이름이면 어떨까. 눈의 알갱이들은 단수이면서도 복수로 겹쳐 내린다. 얼른 보면 안개인 듯 하나 유심히 들여다보면 개개의 입자이다. 구름처럼 뜬듯하다가 미세한 바람이라도 만나면 발레리나처럼 빙빙 돌며 원을 그린다. 그렇게 내세우지도 않고 없는 듯 내려도 적설량은 대단하다. 수선스럽지 않게 일을 많이 해 놓은 일꾼처럼.

시카고는 겨울이 길고 눈이 많이 오고 너무 춥다는 이유로 노년에는 다른 곳으로 이주하는 인구도 많다. 아무튼 누가 뭐래도 나는 시카고가 좋다. 나는 처음 미국에 와서 텍사스에 짐을 풀었지만 남편의 공부가 끝난 후에 직장 따라 정착한 곳이 바로 시카고다. 다른 곳에서 누릴 수 없는 시카고의 일상이 일품이다. 내가 체험한 세월의 간극이 서리서리 엉켜있다. 겨울에 눈이 펑펑 쏟아지는 날이면 즐거운 수준을 넘어서 행복하기까지 하다. 눈이 내리는 순간은 그 무엇에 대한 애착과 아쉬움이 마구 풀어져 넘친 것 같다. 눈 오는 날은 그날이 그날같이 덤덤하지 않다. 막무가내로 일상을 빼앗긴 공허한 날도 아니다. 견딜 수 없는 들뜸으로 흥분한다. 우선 모든 시야가 아름답고 정결해서 좋다. 수십 년을 여기에 살면서 여러 형태의 눈 오는 날을 영접했다. 눈 오는 날은 내 생일보다 훨씬 좋다.

  오늘의 가루눈은 무한대로 펼쳐진 하늘을 나르다 만난 고초 때문에 가루가 되었을까? 고운 나래로 춤을 추며 나리는 여유로움은 없다. 여백의 무게라는 것을 의식했을까? 내가 미처 알지 못하는 곳을 거쳐 왔을 것 같다. 은혜를 모두 나눠 주는 것처럼 어디에나 공평하게 뿌려지고 있는 하얀 풍성함이 신의 능력이 아니고는 이룰 수 없다는 생각이 든다. 어떤 영혼과 종일 대화하는 날이다. 속수무책으로 나리는 가루눈이 나에게 의미 있는 시간을 제공한다. 미래를 마름질하듯 꿈을 꾸기도 한다. 나는 나이를 잃어버렸다. 오늘 하루치의 가치는 눈을 즐기는 것에서 찾는다. 이런 날이 일상은 아니기 때문에 더욱 아끼고 싶다.

하늘이 뿌연 오늘 넌 어느 별에서 온 나의 절친인지 자기의 본형을 파손할 수밖에 없는 난경을 겪으며 가루 되어 기어이 내 뜰까지 찾아온 성싶구나. 환영한다. 기댈 곳 찾아 내려앉은 순백의 너를 두 팔 벌려 영접한다. 너를 만나는 순간 나는 새로운 세상을 향하여 눈을 뜨고 있다. 소낙비처럼 쏟아져 쌓이는 하얀 눈을 보고 있으면 조물주의 위대한 솜씨를 마구 찬양하고 싶어진다. 직접적으로 나를 들뜨게 하는 조건이 되고 있다는 말이다. 세상과 소통하는 너를 만난 하루가 보람으로 충만하다. 줄달음치는 너의 하강을 보고 있으면 휘이휘이 가는 세월이 눈에 보이는 것 같아서 살아왔다는 사실을 실감한다. 오늘의 공기 맛은 다른 날과는 영 다르다.

  종일 나를 들뜨게 해주어서 고맙구나. 일 년 삼백육십오 일 중 이런 날이 며칠이나 있을까? 눈이 안 오는 지역에서는 꿈에도 상상 못 할 일일 것이다. 무상으로 노력도 없이 받은 행운에 대하여 경배를 드리고 싶다.

파킷 속에 숨은 팁

나는 꽤 열심히 문학회에 참석한 셈이다. 한 번 두 번 참석하다 보니 참석하지 않으면 무척 섭섭할 것 같아서 특별한 일이 없는 한 당연히 참석하는 것을 원칙으로 한다. 나는 이번 여행을 위해서도 이것저것 꼼꼼하게 신경을 써가며 만반 준비를 했다.

호텔의 모든 손님들이 자리에 든 상당히 늦은 시간이었다. 샤워를 하려는데 샤워 캡이 필요했다. 분명히 넣었다고 확신하면서 여기저기 뒤지다가 약을 먹으려면 더운물도 필요하던 터라 겸사겸사 접수대로 전화를 했다. 곧 가지고 오겠다는 약속을 받고 한참을 기다려도 소식이 없었다. 답답해서 내려가려던 차에 노크 소리가 들렸다. 문을 열었더니 더운물이 가득 담긴 큰 머그가 네 개나 얹어있는 쟁반을 어린 소년이 들고 서 있었다. 눈이 크고 세상 물정을 모르는 어리바리한 얼굴로 자신감 없는 웃음을 웃고 서 있는 그 소년을 나는 그 호텔 정문에서 본 일이 있다. 호텔 정문 밖에 높은 의자를 놓아두고 그 위에 앉아있던 소년이었다. 그 소년이 하는 일은 무엇일까를 잠깐 생각해 보기도 했었다. 백인같이 잘생긴 얼굴에 피부색이 약간 검으스레한 순진한 얼굴이었다. 가냘프고 있어 보이지는 않았지만 충분히 편안해 보였다. 혼자 자는 방에 한 컵이면 족할 더운물을 네 컵이나 들고 온 아이가 너무 고맙고 미안했다. 아마도 다른 방처럼 네 사람이 함께 자는 방인 줄 알았던 모양이다.

그런데 샤워 캡은? 그러자 안 보인 곳에서 동정을 살피고 서 있었던지 검은 옷을 입은 건장한 젊은이가 불쑥 나타나서 새끼손가락만큼의 크기로 접어진 캡을 내밀었다. 소년과는 너무 대조적으로 세상 때를 뒤집어쓴 것 같은 남자였다. 나는 그 남자가 거기에 서 있었던 것을 전혀 모르고 있었다. 갑자기 나타난 검은 사나이가 좀 무서웠다. 다만 어린 소년에게 한없는 감사의 염을 주체 못 한 채 thank you very much를 연발하며 조용히 문을 닫았다. 문을 닫아버린 후 나는 어떤 움직임을 잃어버린 '로봇'이 되어 비석처럼 멍하게 서 있었다. 무엇에 홀려서 기능 마비를 당한 것 같은 현상이 벌어지고 있었다. 내가 왜 이러지? 무언가 할 일을 하지 않은 것 같은 죄책감이랄까? 뭔가 큰 실수를 하는 자신을 꾸짖고 있는 것 같기도 하고 도저히 종잡을 수 없는 기분으로 안절부절못하고 앉았다 섰다를 반복하며 서성거렸다.

한참 후에야 생각이 났다. 아~ 그 소년에게 팁을 주어야 하는데 깜박한 것이다. 그 무거운 더운물을 들고 온 소년을 그대로 보내서는 안 되는데. 소년에게 미안한 만큼의 양으로 수없이 가슴을 쓸어내릴 수밖에 없었다. 이 나라는 팁의 나라인데 미리 팁을 준비하고 있었어야 했는데. 나의 용의주도하지 못함이 심히 부끄러웠다. 그 일 때문에 그럭저럭 서성거리며 소모한 시간이 한 시간은 됨직했다. 그렇다고 깊은 밤중에 팁을 들고 내려갈 수는 없다. 그 애가 아직도 거기에 있으라는 법도 없지 않은가. 내일 아침에 주자. 팁을 넉넉히 접어서 내일 입을 바지 파킷에 넣었다.

아침 7시 출발이다. 소년은 나와 있지 않았다. 그 큰 눈동자, 그 착한 웃음, 멀뚱멀뚱하던 촌스러움, 그 기민하지 못하고 좀 멍청하던 표정, 아무것도 모르는 순수한 벽창호 소년에게 못 준 팁은 꼬깃꼬깃 접힌 채 패킷 속에 숨어서 나보다 더 안타깝게 소년을 기다리고 있었다. 그 소년과 검은 그림자는 어떤 관계에 있을까? 혹여 소년은 그 검은 그림자의 명을 받고 꼭두각시 노릇을 하는 똘만이일까? 돈을 벌기 위해 무용한 의자를 호텔 앞에 세워 놓고 검은 그림자의 명을 따르는 아이일는지도 모른다. 아니 혈연관계일는지도 모르지. 그들은 얼마나 간절히 팁을 원하고 있었을까.

트라우마처럼 가슴을 물어뜯는 소년 생각에 나는 좀 고통스러웠다. 현실을 사는 한 단면일 수도 있다. 그 순진한 소년의 눈동자가 눈에 어렸고 그 검은 그림자는 어떤 정체였을까? 별로 아름다운 상상을 할 수 없는 걱정에 나는 시달려야 했다. 쉽게 꿈나라를 찾아들지도 못했다. 근대화된 문명의 현실 속에서 싹튼 생활의 방편일 수도 있다는 생각에 미칠 때 산다는 일의 저변에는 늘 그늘이 있다는 것을 다시 한번 생각하지 않을 수 없었다. 돈은 도시적 삶을 지배하는 것이기 때문이라 어쩔 수 없는 현실이라는 생각을 하면서 나는 그 소년이 몇 조각의 1불짜리 지폐에 현혹되지 말기를 간절히 빌었다. 그리고 나도 다시는 그런 실수를 하지 말아야 한다고 여러 번 다짐했다.

마지막 페이지 끝줄에 찍는 점

한 권의 책을 마치고 덮습니다. 마지막 페이지의 끝줄에 찍는 하나의 점을 생각해 봅니다. 지나간 시간들은 스토리가 있는 한 권의 책이었을지도 모른다는 생각이 들어요. 무슨 글 같은 것도 썼던 듯한데 내놓을 만한 것은 하나도 없었고 어느 모임에서나 제일 끝자리에 조용히 입을 꼭 다물고 앉아 있고 싶다는 생각이 전부였습니다.

사람과 사람이 만난다는 것은 그사이에 따뜻한 밥상이 차려진 것과도 같은 것이 아닐까요. 그런 것들을 인연이라고 하는 것 같아요. 많은 종류의 모임이 있지만 예지문학 모임은 오래 끓인 진하디진한 곰국 같은 모임이었으면 했습니다. 그냥 만나서 마시고 웃다가 헤어지고 잊히는 모임이고 싶지 않았습니다. 무언가를 이루기 위하고자 하는 공통분모가 있는, 그렇게 끈끈한 모임이었으면 하는 것이 저의 소망이었습니다. 미치지 못했고 마음뿐이었지만 저는 소리 없는 예지의 저력이고 싶어 했습니다. 헤어보니 우리 집에서 아흔세 번을 예지문학회로 모였네요. 아흔세 번의 월례회를 준비할 때마다 우리가 모이는 일에 굉장한 의미를 부여했습니다. 그것은 우리 상호 간의 사랑이었고 열정이었습니다.

여러분, 밤에도 타고 있는 별빛처럼 꺼지지 않는 불같은 것, 혹 몰래 가슴에 지니고 계시지 않습니까? 그것은 의욕에 뒤따른 슬픔일 수도 있을 것입니다. 홀로 뜨거운 미련 같은 것을 차디차게 바라보며 안으로 아픔을 녹이면서 소리 없이 어떤 창조를 꿈꾸는 마음 같은 것 말입니다. 우리에게는 그런 창조적 여력이 있다고 미루어 생각해 봅니다. 바로 예지 회원님들의 참모습일 것입니다.

우리는 모두 어머니이고 더러는 할머니로 나이 들어가는 여인들이지만 우리의 능력이 쇠하여 볼품없어져 간다고 생각하고 싶지는 않습니다. 천천히 익어가면서 아직은 떫은 부분에 채워지지 않는 당분을 만들어가는 중인 듯싶어요. 사노라면 얼음 칼로 베어버리고 싶은 날도 있고 따끔거리는 아픔이 좀처럼 사그라지지 않는 때도 있지만 우리 모두 생명을 품은 겨울의 따뜻한 품 안에서 녹여 보자고요. 그 어느 계절보다 따뜻한 품을 가진 겨울 말입니다. 우리는 서로의 가슴에 그런 포근한 자리를 만들어 내밀면서 뭉치자고요.

어둑스런 겨울밤이 오히려 오붓하고 따뜻하다는 것을 알고 보니 더욱 이 철이 정겹네요. 밤새 삼태기로 부어놓은 것처럼 쌓이던 낙엽도 자기 철이 아니란 듯 숨어버리고. 세월의 부피 위에 수북이 눈이 내리던 날엔 철없는 소녀처럼 울고 싶었습니다. 시간이 달리는 데는 속도 한번 구겨진 일도 없었습니다. 그 속에서 이치를 깨닫고 조용조용 우회하는 방법으로 사는 동안 우리 속에는 웅변이 담아지고 있었습니다. 그간 우린 서로 상당히 성장했을 것입니다. 인간은 서로의 아름다움을 보기 위하여 살아야 한다고 생각해본 일이 있습니다. 고통스럽고 피곤한 순간에도 늘 함께 존재했다는 감사함, 옆 둘레를 감싸준 사랑이 느껴질 때는 훨씬 마음이 편해진 것을 느끼면서 살았습니다. 호박죽처럼 푸짐한 웃음이 우리를 살맛 나게 해준다는 것도 배웠습니다. 위안을 얻고 재구성되는 자기를 만들기 위해 무궁무진하게 쏟아내던 아픔도 값비싼 것이었어요.

누구도 개입할 수 없는 자기다운 자기 때문에 외로운 게 인간인 것 같아요. 그러기 때문에 자신을 포기할 수 없는 것이 인간이 아닌가 하는 생각을 해 봅니다. 막막한 물음에 회신이 없어도 삶을 관통하는 희망이 있으니까요. 희망이란 우리 안에 내재한 어떤 에너지의 소산이 아닌가 합니다. 사소한 일상에 자리한 평화, 그것을 살리기 위하여 노력하는 것은 삶의 로망일 것입니다. 낯선 땅 드난살이 속에 예지의 모임은 따스한 인간의 촌락이기를 바랍니다. 우리 예지인은 성장한 분량만큼의 사랑을 실행하고 있는 것으로 믿습니다. 예지 문학회는 배우고 써가는 열정으로 응집된 귀중한 본질이 형성되어 있다고 자부하고 싶습니다. 예지님들 모두 모두 사랑합니다. 감사합니다.

내 마누라의 첫 남편은 책

그 결심은 아주 잘한 것이었다. 내 생애에 몇 안 되는 갈채받을 만한 일이라 생각하고 있다. 나는 손에 책이 없으면 무엇을 잊은 것처럼 허전해서 견딜 수가 없다. 어떤 경우든 나의 핸드백 속에는 읽을거리가 들어있어야 한다. 소설 시집 수필집 신문 등등 그중 무엇이든 상관없다. 핸드백 속에서 닳아지도록 이 책 저 책 바꾸어가면서 넣고 다닌다. 강도 높은 문학 공부를 하고 싶다는 소망, 그것은 어린 날부터 꿈이었다. 향학에의 갈망이 조금은 치열했다. 그러나 나의 대학 전공은 공자왈 맹자왈 하시는 아버지의 명에 따라서 글쓰기와는 거리가 먼 분야의 공부를 했다. 그리고 중 고등학교 교사로서 내 젊은 날 십여 년을 소진했다. 하지만 일상에서의 독서열은 상록수처럼 변함이 없었다. 그런 목마름 속에서 1971년 3월에 유학생 남편의 초청으로 태평양을 넘어 8만 리 먼 거리에 있는 미국 땅으로 건너왔다.

1970년대 초반의 미국에서는 한국도서를 접할 수가 없었다. 한국어로 쓰인 읽을거리라곤 미주 한국일보뿐이었다. 우리나라의 외래어 번역 수준이 부실했던 그 시절 그래도 세계문학전집이라고 을유문화사에서 어설프게 번역된 150권의 세계문학 전집을 엿장수에게 줘버리고 온 것이 얼마나 후회스럽던지. 디아스포라의 영역에서 눈코 뜰 새 없이 살던 나날이었지만 책을 그리워하는 허기는 그치지 않았다. 그 시절 한국일보는 나의 교과서였다. 마르고 닳도록 신문을 읽었다. 그렇게 세월이 흐르면서 80년대부터 여기저기 큰 도시에는 한인 문학회가 조직되어 문학 애호가들의 작품활동이 시작되고 있었다. 지칠 줄 모르는 간절한 소망 때문이었는지 2006년에 시, 수필로 등단하게 되었다. 등단 축하 행사를 하는 자리였다. 주최 측에서 남편에게 마이크를 돌려 아내의 등단 소감을 듣자고 기회를 준 것 같았다.

　"내 마누라 첫 남편은 책이고 저는 둘째 번 남편입니다." 대중 앞에서 거침없는 남편의 발언이었다. "어머, 저게 무슨 소리야" 마음먹고 내지르는 공격 같기도 했다. 평소에 시간만 나면 책을 들고 나대는 마누라 모습이 많이 거슬렸던 모양이다. 꼴사나운 나의 뒷모습이 저런 말을 뱉게 하는구나 하고 심히 미안하고 부끄러웠다. 이런저런 창피스러운 말까지 듣고 보니 기왕 이런 소리를 들을 바에야 체계적인 문학 공부를 확실하게 해야겠다는 오기가 발동했다.

내가 한국에서 근무하던 학교 졸업생으로 여기 미국에 와서 직장인으로 경희사이버대학원생으로 공부하고 있다는 사람으로부터 전화가 왔다. 내가 직접 그의 반에서 강의를 한 일이 없기에 나는 그를 모른다. 보기 드물게 친절한 음성으로 경희사이버 문창과에 진학하기를 권고하면서 나의 최종 출신교를 물었다. 다음번 전화에는 내 모교로 연락해서 졸업증과 성적증명서를 경희사이버대학으로 직접 보내도록 조치를 했다는 것이었다. 증명서 요금은 얼굴도 모르는 모교의 사무원이 지불하겠다 하더란다. 터무니없이 나이 든 사람이 공부하겠다니 한심하고 딱해서 담당 사무원이 선심을 써 준 듯했다. 갈수록 거리를 가늠할 수 없는 안개 속에 핀 꽃을 꺾으러 들어간 격이었다.

일면식도 없는 사람이 나를 위하여 서류작성을 해주고 얼굴도 모르는 제자가 원서 제출을 해주다니 그들은 과연 누구일까? 이건 옛날 호랑이 담배 먹던 시절의 한 토막 우화 같았다. 나를 위하여 어떤 미지의 존재가 신비스러운 동화 연출을 하는 것은 아닐까. 그 친절한 고향 까마귀를 어서 만나보아야겠다는 생각도 하지 못한 채였다. 지나치게 고마울 때는 중치가 막혀 말을 잃어버리는 것 같은 현상이 일어나고 있었다고나 할까.

그렇게 간절한 소망이었으나 막상 앞에 닥치고 보니 다른 문제가 앞을 막았다. 대학을 졸업한 지가 반세기가 넘었는데 전공을 바꾸어 공부한다는 게 가능한 일일까? 만일 따라갈 수 없어서 중퇴라도 하게 된다면 체면이 말이 아니다. 세계적 명문 '하버드 대학' 출신 사위와 며느리 앞에서 우세하는 것보다 차라리 포기하는 게 현명하지 않을까? 가만히 있으면 중이라도 간다는 말이 있다. "할 것인가 말 것인가"를 망설이는 일은 잠을 설치게 했고 심한 스트레스를 가져왔다. 햄릿의 고통을 닮아가고 있었다. 공부하고 학점을 딴다는 것은 의욕만으로 감당되는 일은 아닐 것인데 말이다.

그러던 중 어느 대중석에서 그 고마운 고향 까마귀를 우연히 만나게 되었다. 초면인데도 너무 절박한 고민이기에 나의 망설임과 방황하는 심정을 피력했더니

"아 ~, 나이 든 사람들 못한다, 못하겠다, 는 엄살 듣기 싫어요. 그냥 밀고 가세요" 라고, 짜증 섞인 한마디를 총알처럼 내뱉었다. 하물며 스승인 나에게 말이다. 평소의 예의 바른 그의 억양과는 전혀 달랐다. 예리한 바늘에 가차 없이 찔리고 나니 눈이 번쩍 뜨였다. 나에게 준 최후의 극약이었다. 당시 일반 대학에서 어느 학과든 전공 상관없이 대학 과정을 졸업한 사람들에게는 원하는 학과 3학년에 편입을 허용했다. 제자에게 일침을 맞고 가슴이 후들거리면서 주눅이 들어 빨려 들어가듯 결심하고 결국 전공을 바꾸어 문예창작학과 3학년으로 편입 등록 절차를 완전히 마쳤다. 대단한 결단력과 용기가

필요한 찰나였다.

첫 강의는 〈문예이론 특강〉으로 프로이트 정신분석학이었다. 공교롭게도 50여 년 전 대학 시절 교육심리학 강의를 들을 때의 바로 그 내용이라 어려움 없이 이해되었다. 이쯤이라도 이해가 된다면 따라갈 수 있을 것 같다는 자신감이 생겼다. 나의 서재에 힘찬 뱃고동 소리가 울리는 순간이었다. 강의가 끝난 후 전달될 리 만무하고 들을 사람도 없는 손뼉을 치면서 황홀했던 그 기분을 지금도 잊지 못한다. 이어서 현대작가론, 수필론, 시 창작 기초, 시민 교육 등등 약간 광기 어린 열정으로 강의 듣는 일에 심취했다. 세상에 이렇게 즐거운 일이 어디에 또 있을까? 나만이 유일하게 세상 최고의 석학의 길을 걷고 있는 듯했고 세상에서 가장 보람찬 삶을 살고 있는 듯했다. '시민 교육'이라는 과목명이 좀 고등학교 수준 같아서 하찮았으나 접해보니 너무 좋은 강의라서 하마터면 놓칠 뻔하다 아슬아슬하게 잡은 보석처럼 소중하기까지 했다.

학문이란 남을 위해 하는 것이 아니고 자신을 위한 것이다. 노년의 공부는 어디에 써먹겠다는 것이 아니라 순수한 진실이다. 컴퓨터를 통해서 이 먼 땅에서 모국어로 대학 강의를 들을 수 있는 디지털 시대에 사는 보람을 만끽하면서 한없이 감사했다. 수강 중 때로는 가슴 저변에서 솟아오르는 벅찬 환희를 감당하기 어려워서 울음이 복받치기도 했다. 공부하는 일에 대한 몽매한 애정, 그것이 나를 구원해주고 있었다. 아무런 치장도 과장도 없이 표현하자면 나의 하루하루는 공부한다는 사실 앞에서 여한이 없이 행복했다. 살아있다는 증거이기도 했고 보람이기도 했다. 스스로 장하기까지 했다. 문학 공부를 하고 싶었던 열망이 뭉쳐 있다가 압력밥솥의 증기처럼 펑 터지고 있는 것 같았다.

이쯤 해서 강의를 듣는 일은 살맛나는 활력이었으나 시험을 치를 일은 상상만으로도 위축되곤 했다. 강의를 듣는 천국과 시험을 걱정하는 지옥을 오가며 날마다 결투를 벌였다.

드디어 한 달 반의 강의가 진행되는 가운데 중간고사 대체가 줄줄이 제시되었다. 이상하게도 시험문제 앞에서 나는 "할 수 있다"라는 자신감이 용솟음쳤다. 수백 페이지 되는 책을 읽고 10페이지로 요약해서 리포트를 작성하고, 지적해준 현대소설을 읽고 작품 평을 쓰고, 자작시를 제시하며, 타인의 시에 대한 서평을 쓰고, 새로운 문학 용어를 삽입하여 수필을 쓰는 등 70 중반을 넘은 나는 어느새 20대 초반의 젊디젊은 대학생이 되어 있었다. 공부하는 동안에는 모든 것을 까맣게 잊어버린다. 책 읽는 일에 골몰하느라 하루 이틀쯤 세수를 하지 않는 것은 다반사였다. 전에 누리지 못하고 갈망했던 목마름에 소낙비로 부어지는 생기이며 희열이었다.

나이는 고사하고 한글 문화권을 떠나 타국살이가 수십 년이다. 그간 한국의 신간 서적을 접할 기회는 전무였다. 그렇다고 시대에 뒤떨어진 답답한 나이 든 학생일 수는 없었다. 적어도 나의 자존심은 감당해야 했다. "나는 많은 세월을 살아온 만큼 젊은이들보다 많이 알고 앞장서는 학생이어야 한다."라는 것이 나의 지론이다. 한국으로 SOS를 쳐서 책값의 3배나 되는 송료를 내가면서 그때그때 리포트에 필요한 참고 서적을 지급으로 사 들였다. 어떻게 해야 우수한 리포트를 쓸 수 있을까? 그래도 그간 수필을 이백 편 가까이 썼다는 사실이 대단한 밑거름으로 작용해 주었다. 젊은 학생들은 현대적 시대감으로 신선한 언어로 앞서 달려가고 있을 텐데 내 시험 답안은 도대체 어디쯤일까? 짐작도 할 수 없는 미로에서 리포트를 썼고 초조하게 시험 결과를 기다렸다. 기다릴수록 자신감은 줄어들었다. 드디어 성적열람 기간이 되었다.

학점을 열어보려는 순간에는 스트레스로 몸은 굳어서 움직일 수가 없었다. 가슴은 울렁거리고 낙제점수가 나올까 무서워서 눈을 뜰 수가 없었다. 용기를 내라. 언제 보아도 볼 것이다. 낙제점수이면 원점으로 돌아가서 다시 하면 되는 것이지. 담대하라.
후~ 심호흡을 했다. "다다다 당~" 묵중한 베토벤의 운명이 울려 퍼졌다. 점수가 열거될 시간이다. 사력을 다하여 눈을 크게 부라려 보았다. 문예이론 특강 〈94 A+〉 내가 잘 못 보았을까? 틀림없다. 시민 교육〈93 pass〉현대작가론〈95 A+〉수필론〈97 A+〉산토끼의 뜀뛰기를 능가했다. 마룻장이 무너지도록 뛰었다. 멀리 팔십을 바라보는 老 학생이라 할지라도 나는 열아홉의 순수함으로 솜털처럼 가볍게 뛸 수가 있었다.

이제 마지막 〈시 창작〉한 과목을 열어볼 참이다. 내가 가장 자신 있는 과목인데 뭘, 어느새 나는 좀 오만해져서 자신만만하게 편안한 기분으로 여유롭게 열었다. 그러나 75〈C〉. "어? 뭐라고. 내 생애에 생각해본 일이 없는 점수 C라니. 이 공부를 시작할 때 낙제를 생각해본 일은 있으나 구체적으로 C라는 학점은 생각해본 일이 없었다. 기막힌 열패감이었다. 쇠뭉치로 심하게 머리를 얻어맞은 것 같았다. 눈을 감아도 뜬 것 같고 떠도 감은 것 같았다. 허탈상태에서 헤어나지 못한 채 눈 뜬 인형처럼, 아니 억울해서 눈을 감지 못한 시체처럼 빳빳하게 누워있었다. 내가 제일 자신만만했던 시 창작 과목의 부진함을 인정하지 못한 채 먹구름 속에서 여섯 시간을 뜬눈으로 보내는 밤이었다.

나는 시를 쓸 능력이 전혀 없는 존재다. 시를 읽을 자격도 없다고 시에 대한 희망이 산산이 부서지고 있었다. 〈시 창작〉C가 주는 열등감 좌절감은 나의 시 공부를 포기시켜 주고도 남음이 있었다. 시다운 시가 아니고 낙서에 불과한 시라 할지라도 '시'라고 얽어놓은 백 편 가까운 나의 시란 무엇이란 말인가. 시에 대한 자신감이 없어서 스스로를 비하하고 있으면서도 이상한 오만을 가졌던 자신이 부끄러워서 죽고도 남을 만큼 비참했다. 컴퓨터에 장착된 나의 시들을 먹칠하고 싶을 뿐 한번 본 이후로는 성적 조회란을 다시 거들떠보지도 않았다.

 그러다가 성적열람 기간이 끝나갈 무렵 컴퓨터 창을 열고 우연히 시 창작 쪽으로 눈길을 돌렸다. 깜짝 놀랐다. 처음에 분명 C이었던 것이 90(A)도 바뀌어 있었다. 언제 바뀌었을까? 학점이 수정되어 있었으니 신이 나에게 시를 포기하지 말라고 달래 주신 듯한 느낌이 들었다. 꿈을 꾼 것은 아닐까. 아마 무슨 착오가 있어서 즉시 수정된 듯한데 내가 보지 못한 것 같았다. 드디어 나는 성적 우수 장학생이 되었다.
 우주와 같이 무한대에 뻗어있는 학문의 갈래에서 나는 미세한 귀퉁이를 공부하고 있지만 그 즐거움은 형용할 수 없는 것이었다. 나는 주로 밤에 강의를 들었다. 공부하는 현장에서 내 삶의 절정을 만났다. 강의를 듣고 있으면 비밀스러운 나만의 어떤 우월감 같은 것이 느껴지기도 했고 조용한 밤에 남모르게 축복받고 있다는 오롯함이 가슴에 안겨 왔다. 강의를 듣고 있을 때면 나에게 할애된 영광을 누구와 나누고 싶을 때가 있었다. 수강 중 가슴이 부풀어 오르는 기쁨을 토로할 대상이 없을 때 나는 벽을 향하여 도취한 듯 강의 비슷한 웅변을 토했다. 내가 새로 알게 된 학문의 한 가닥을 스스로 증거하고 싶었다. 내 서재의 허공과 벽은 나를 이해한 듯했다. 젊은 시절 교단에 서서 코스모스 같은 여학생들에게 설명하던 때 같았다. 나는 공부하는 일에 도취한 할머니였다. 만학도는 젊은이들보다 삶에 대한 고통이나 경이로움을 많이 경험했다 할 것이다. 그러니 보다 진솔한 저력으로 살아온 세월의 간극을 넘어서 실력 있는 최고의 학생으로 우뚝 서야 한다고 생각했다.

이제 나는 학부를 졸업하고 70대 후반 최연장 대학원생으로서 야생마처럼 뛰어볼 예정이다. 공부하는 일에 자신을 쏟아부으며 자신을 새롭게 만들어주는 기쁨을 맛볼 참이다. 노년에 하는 공부는 겉치레가 아니다. 공부해야만 보이는 내 자신만의 길을 찾기 위해서다. 공부하는 기쁨을 느끼는 순간 나는 부유해진다. 오늘 밤도 나는 서너 권의 책을 옆에 눕히고 잠자리에 든다. 한밤에 그 책을 모두 읽을 리 만무하지만 다음에 읽어야 할 책에 대한 마음의 준비과정이며 그 책에 대한 예우이다.

위의 글은 오래전에 써놓은 글이다. 나는 대학을 졸업하는 그 길로 돌진하듯 바로 대학원으로 달려갔다. 일등 장학생으로 입학하여 전 과목 A+로 졸업했다. 벌써 오래전의 일이다. 대학원 졸업식장에서 총장님께서 두 번씩이나 내 이름을 거론하시며 용기를 북돋아 주셨다. 나는 지금도 매주 한두어 번 또는 세 번 새벽 3시에 일어나서 모교에서 실시하는 여러 세미나에 참석하고 있다. 사연을 나열하고 보니 혹여 값싼 자기 자랑으로 보이지는 않았을까 하여 많이 염려스럽고 부끄럽다. 부디 공부하기를 좋아하는 한 할머니의 사실 고백으로 보아달라고 부탁드리고 싶다.

향을 잃어버린 향수

병이 꽤 크다. 향수가 담긴 병은 대체로 작고 예쁘고 아기자기하고 멋이 있다. 그러나 남성용 향수병이라 기교도 없이 멋쩍게 크기만 한 직사각형이다. 그래도 이름 있는 브랜드인데 밋밋한 게 좀 싱겁다는 생각이 들기는 했지만, 어찌 보면 오히려 남성다운 매력이 있는 것 같아서 사곤 했었다. 그가 출장을 떠날 때면 꼭 향수를 준비해 주었다. 나이 든 남자에게서는 자칫 부주의하면 냄새가 난다는 선입견 때문에 미리 주의하는 차원에서였다.

향수는 본인이 좋아하는 향이기도 하지만 부부일 경우 상대가 좋아해야 한다는 것이 필수라고들 한다, 백화점 입심 좋은 세일즈 레이디가 보기를 들어가면서까지 해박하게 설명하는 바람에 최면에 걸려 매번 최대형으로 사곤 했다. 물론 다 쓰지 못한 채 하세월이 흘러서 사용자는 없어지고 크고 각진 병에 든 향수는 그 향을 잃고 맑은 물로 변질되어 남아있다. 그 병에 향수가 그득한 채로 보이는 그대로 그 향도 그득하리라 믿고 손님용 화장실에 또는 메스터룸 그의 세면장에 그냥 그대로 그럴듯하게 놓아둔 채 몇 세월이 흐르고 보니 그것은 이제 향수가 아니다. 인공향수이건 천연 향수이건 십여 년이 흐르고 나면 향이 없어진다. 세월이 흐르면 무엇이든 본연의 향을 잃어버리는 것이 세상 이치인 듯싶다. 말린 장미꽃잎도 처음엔 은은한 향기가 있으나 얼마큼의 시간이 흐른 뒤에는 먼지 냄새만 풀풀 거다. 그에 비하여 사람의 정이 풍겨주는 향은 갈수록 더한다.

푸근한 정, 짜릿한 추억, 가슴에 깊이 베인 그리움 등 아련하고도 생생하게 서로의 가슴에 살아 있으니 그 향기야말로 최상의 것이 아닐까 싶다. 우리 민요에 "정은 두고 몸만 가니 눈물이 나네!"라는 대목이 있다. 정이란 어쩌면 놓아두고 간 향 같은 것이 아닐까. 그의 향수는 향을 발해야 하는 기간의 의무를 다하고 하찮은 액체로 병에 담겨 남아 있다. 하지만 그 향수를 다 쓰지 못하고 간 향수의 주인은 아직도 살아 서 그를 그리워하는 사람의 가슴에 향으로 살아 있다. 화향 십 리 주향 백 리 인향 만 리라지 않던가. 인향이야말로 영원한 것이 아닐까 싶다.

부부의 향은 수만 리를 넘을 뿐 아니라 뿌리에서 난 것 같다. 뿌리는 자라면서 향을 만들어내고 있으니 소멸이 없는 향이며 자라나는 향이다. 그는 가고 없어도 그가 심어놓고 간 뿌리에서 나는 향은 아직도 곳곳에 남아있다. 향수 본연의 것으로, 또는 처음의 향으로 말이다. 만일 내가 착각하고 있다면 착각하는 어리석음이 부족한 인간의 진정한 모습일는지도 모른다는 생각이 든다. 이럴 때 어리석음은 그지없이 아름답다 할 수 있을 것 같다.

해남의 거목 가시다
- 고 김광호 의장님을 애도하며

　1월 끝자락 한밤중보다 더 진한 새벽의 어둠 속에서 전화벨이 요란하게 울렸습니다. 이런 시각에 저 강렬한 메시지는 무엇일까? 좀 당황스러움을 누르고 수화기를 들었습니다. 한국 여수에 살고 있는 동생이 거두절미하고 "누나, 꿈에 김광호 의장이 옷을 잘 차려입고 나를 찾아왔어요, 하도 이상한 꿈이라서 누나에게 전합니다" 순간 가슴에서 "쿵" 하는 소리가 울려오면서 머리끝이 쭈뼛해짐을 감지했습니다. 흔히들 꿈에 원삼 족두리 단장이나 말끔하게 성장을 한 사람의 꿈은 이 세상을 떠나면서 마지막을 알리는 꿈이라고 하는데. 갑자기 고향 해남이 깜깜한 빛깔로 변해 버린 듯 공허한 안타까움이 해일처럼 몰려왔습니다. 분명히 길몽은 아닌 듯했기에 나는 어떤 불행을 부인하는 의미로 세차게 도래질을 하면서 안정을 되찾으려고 노력했습니다.

　그리고 다음 날 서울에 있는 친구와의 통화로 비보를 들었습니다.

해남의 큰 울타리가 무너졌다는 허탈감으로 가슴이 먹먹했습니다. 갑자기 고향이 사라져 버린 듯도 했고 소중한 자산 일부가 무너져 나간 듯도 했습니다. 해남을 떠난 지는 수십 년이 되었지만 아직도 해남이라는 고향은 원색으로 생생하게 내 가슴에 살아있는데. 이제는 그리움의 땅 고향에 가도 그곳에 아는 이가 하나도 없다는 황량함에 처연해진 가슴을 진정시키기 어려웠습니다.

8만 리 먼 타국에서 디아스포라로 반세기가 넘도록 살아온 사람이 찾아온 고향에는 친지가 단 한 사람도 없다는 사실이 새삼스럽게 큰 막막함으로 부각되어 왔습니다. 김광호 의장은 내가 고향을 찾아가서 전화할 수 있는 오직 하나의 향인이었습니다. 그는 내 동창생의 전부였고 고향 친구의 전부였고 고향의 전부이기도 했습니다. 이젠 그 한 분마저도 사라진 것입니다. 고향과의 끈이 뚝 끊어지고 있는 듯한 아픔이었습니다.

그분은 소년처럼 세파에 젖지 않은 순수함을 지니고 있었지요. 더하여 어떤 인간적 감수성을 지니고 있었습니다. 자신은 해남에서 낳아서 80년간 같은 장소에서 살고 있다는 말에는 그분만의 어떤 철학이 있는 듯했습니다. 때로 친구들을 모아 점심을 살 때는 본인은 얼른 식사를 마치고 친구들이 즐겨 먹는 광경을 따뜻한 시선으로 지켜보며 그들에게 더 필요한 음식이 무엇인가를 살피는 정어린 눈길을 저는 여러 번 훔쳐보았습니다. 해남 동창들은 참으로 훈훈한 가슴을 지닌 그럴듯한 리더(leader)를 가졌구나 하고 내심 포근한 안도감을 느껴보곤 했습니다. 말하지 않고 말을 하는 격조 높은 인격의 소유자였습니다. 해남 인구가 한때는 10만이 넘었는데 지금은 7만도 못된다고 고향의 인구 감소를 걱정스러워하는 말을 여러 번 되뇌었습니다. 참으로 고향을 아끼고 있다는 생각을 절감하게 하고도 남음이 있었습니다.

조용조용 우회적인 방식으로 말하지만 속에는 웅변이 담겨 있었고 해남을 짊어지고 가는 생생한 삶의 실체를 만나고 있다는 느낌을 주기도 해서 나에게 애향심을 눈 띄어 주기도 했습니다. 나이테를 늘려가면서 메마른 시간을 사는 여러 친구들에게 쉼터 되어준 향우였습니다. 애향심에 불타는 한 사람의 거목을 보내자니 아픔의 깊이를 헤아릴 수가 없군요. 매일 걸어도 그 길이 좋은 것처럼 오래 알고 지난 사이가 얼마나 소중한가를 배웁니다. 남에 대한 이타적 호의를 가지고 살던 분, 우리에게 고요한 기쁨과 깊은 신뢰를 주었기 때문에 우리는 그 벗을 의지하며 즐거웠던 것입니다.

맑은 바람이 오가는 해남의 황금 들녘을 어찌 버리고 갈 수가 있었을까요. 80수 년 동안 그토록 수없이 찍어놓은 발자국이 박힌 고향 땅을 뒤에 두고 가는 것이 인생의 종말인가요. 웃음 나누어 삼키던 친구들을 그리 쉽게 버리고 가기는 어려웠을 텐데요. 햇살의 언어, 소망의 언어들을 어디에 묻고 떠나셨는지요. 진실은 영원하다는 의미를 남겨두고 떠났기에 남은 친구들은 그 은유 속에 숨은 의미를 음미하고 있습니다. 어두운 인간의 촌락을 떠나 하늘의 밝은 본향을 찾아가셨습니까? 죽음이 없는 삶은 없다고 했고 죽음은 진리라 들었습니다만 사별의 아픔에 우리 벗들은 함께 오열하고 있습니다.

 가족에 대한 애틋한 사랑과 간절한 염원을 담아내면서 모자람 없는 삶을 살았고 고장과 이웃과 친구를 사랑하다 간 해남의 큰 별이었던 분, 그분이 남긴 바닥을 알 수 없는 수원의 깊이를 묵상합니다. 그 큰 별은 결코 사라지지 않을 것이며 해남의 상공에서 영원히 빛나리라 믿습니다. 죽음은 깨달음이라 합니다. 그분이 남기고 간 깨달음을 우리 벗들은 두 팔 벌려 받아 안고 배울 것입니다. 분명한 인간의 모습과 진정한 인간관계를 제시하면서 붉게 타는 노을 속으로 사라져 가신 분의 뒷모습은 아름다웠습니다. 해남 군민들은 고이 타는 촛불을 손에 들고 애도합니다. 에덴을 찾아가시는 길 꽃길일 줄 믿습니다. 하늘나라 그곳, 영원히 썩지 않을 집에서 사철 끊임없는 꽃향기를 즐기면서 편히 쉬소서.

2023년 2월 초순, 시카고에서 정숙녀 드림

미주 경사대 잔치를 마치고

　5박 6일의 잔치를 마치고 밤 비행기를 탔다. 비행장에 도착했을 때 어스름한 여명의 신비스러움이 여독을 녹여준 듯했다. 침묵으로 꼭 잠긴 문을 후루루 열고 안으로 들어와서 전기 스위치를 올렸다. 잠자던 집이 순식간에 번쩍 눈을 떴다. 여행에서 돌아온 나에게 덥석 안기는 집 안 특유의 공기에 움찔 압도당했다. 집 안의 모든 것들은 내가 정리해놓고 간 그대로 정연했다. 그런데 야릇하게도 내가 몰고 들어간 여행의 잔해와 집 안의 분위기 사이에 이상한 불협화음이 느껴졌다. 여행 중에 만난 자연의 숨결과 많은 지인들을 만나서 들뜬 기분의 어수선함을 입고 들어선 나와 집 안의 고요 사이에 있는 서먹한 간격이었다.

　종횡무진으로 이동하는 눈길만으로도 짐작하게 하는 그랜드캐년의 미로가 언뜻 눈에 스쳐 갔다. 그 신선하고 상쾌하던 감촉, 비행기 속의 텁텁한 공기 등등과는 너무나 이질적인 실내 기운이었다. 내 집이 주는 느슨한 자유스러움과 기대했던 여행이 끝나버린 허전함 등이 연합하여 빚은 아쉬움 같은 것들로 가슴이 뭉클해졌다. 순간적으로 이 거리를 다스려야 한다는 생각이 들었다. 여행 짐을 현관에 그대로 놓아둔 채였다. 막걸리에 취한 목소리처럼 듣기 거북하게 쉬어버린 내 목소리를 가다듬었다. 대뜸 진도아리랑을 부르기 시작했다. 가사는 즉석에서 지어졌다. "우리네 경사대 잔치가 났는데 못 다 주고 온 정 때문에 내 가슴이 우네" 아리아리랑 서리서리랑 아라리가 났네~

여행 중 여한없이 다 치르지 못한 아쉬움을 곱씹으며 천장 높은 현관 그랜드파더 시계 앞에서 어깨까지 들썩이며 혼자 목청을 높였다. 그것은 나의 광기일 수도 있고 나라는 인간의 웃지 못할 끼일 수도 있다. 나를 침묵으로 기다려준 내 집의 구석구석까지 내가 왔음을 알리는 새벽종일 수도 있었다. 그것은 인사였고 대화였다. 언어였고 소통의 정체이기도 했다. 스스로를 응원하는 말이었고 대화 정신이기도 했다. 섣불리 선언하기 이전에 자기를 알리는 조심스러운 표현이기도 했다. 그러니까 새벽 아리랑은 호소이기도 했고 밀어이기도 했다. 그리고 한참 후에야 여행에서 묻어온 공기와 집 안의 공기가 화해되었음을 의식했다. 드디어 나는 이층으로 올라갈 수가 있었다.

운전하다 잠이 오면 부르는 진도아리랑, 무서운 침묵을 깨트리는 데도 부르는 노래이기 때문에 더욱 간절하고 맛이 깊다. 나의 새벽 아리랑이 누구에게도 방해가 되지 않는다는 자유로운 나만의 공간이 얼마나 감사하던지. 아리랑이 주는 위로는 달콤했다. 어떤 경우든 인간이 하는 일에는 후회가 따른다. 더 많이 알고 왔어야 했는데, 더 많이 주고 왔어야 했는데, 더 많이 받아왔어야 했는데. 사는 동안 황량하고 고달팠던 마음 밭을 위로해준 달보드레한 녹두미음 같은 우리 동창들, 우리만 아는, 우리끼리만 주고받는 둥그런 위로가 거기 있었다. 한없이 따뜻하고 포근하고 편안했었다고 독백까지 곁들였다.

경사대 동창끼리만 감지할 수 있는 정다운 그 무엇이 손에 손으로 잡혔던 때를 반추했다. 각기 색다르게 지닌 끼와 가파른 디아스포라의 영역에서 불굴의 정신으로 잃어선 결기를 감춘 웃음들이 눈에 어른거렸다. 성인이 되어 공부한다는 것은 어리고 젊은 날 공부했던 것과는 번지수가 다르다. 초록 되어 품은 꿈으로 타는 목마름으로 강의를 듣고 감격으로 벅찼던 기억을 가진 억척들이다. 밤새워 공부하는 아낙들이 바로 경사대생인 어머니들이고 아내들이며 할머니들이다. 아니 바로 우리 선후배들이다. 문명의 충돌은 천재를 낳는다는 신념으로 이 합중국에서 자녀들을 길러낸 이민자들이 아닌가. 우리 영혼의 언어를 나누어보자는 바람이 위대한 별자리 되어 곁에 있었다. 우리는 경사대를 통해서 존재에 대한 긍정적 시선과 진정성을 찾고 새로운 의욕을 찾았다. 만학을 해보지 않은 사람들은 이 경지를 이해할 수 없을 것이다. 만학의 여인들은 그 나름으로 우리만의 차원이 있다. 겸손한 자부심이 있다. 공부한다는 기쁨이 무엇인가를 터득하는 마당에서 맺은 인연들은 지친 여행길에서 만난 길동무처럼 반갑다. 더더구나 이 미주에서임에랴.

이로써 올해의 문학 잔치가 마무리되었다. 사람의 일들은 어떤 것도 절대적으로 옳거나 절대적으로 틀리는 일 없이 재해석되는 복합성을 가졌다 한다. 옛날을 맴돌던 바람 한 줄기가 내 등줄기를 타고 흘러내리고 있었다. 삶에 대한 감각적 디테일을 느끼고 돌아왔다고 하면 좀 과장일까. 평상의 궤도를 벗어나 새로운 것을 만나고 온 것만은 틀림없다. 과묵해진 머릿속 한 부분을 매만져본다. 어느 한 편으로는 축제의 장을 여한 없이 보내지 못한 것 같은 서운함이 느껴지기도 했다. 그러나 실은 그게 정상일 것이라는 생각이 든다. 못다 채워진 공간이 바로 내가 채워야 할 가장 소중한 미래의 공간일 수 있고 꿈일 수 있기 때문이다.

꿈, 여백, 미래, 그랜드캐년의 바람, 구름, 그리고 약간 맥이 빠져버린 듯한 '라스베가스'의 핼쑥해진 몰골, 있는 그대로를 살펴본 이 기회에 얻은 것은 무진장이었다. 경사대가 낳은 대단한 문우님들의 생생한 웃음소리가 지금도 내 귀를 간질인다. 교수님들과 대화를 다 하지 못한 아쉬움이 남지만 그 또한 어느 날 더 아름답게 필 꽃의 씨앗이기에 더욱 뜻이 있다고 믿어본다. '소중한 경사대의 인연들 뼛속 깊이 반가웠습니다.'